一条はやと 著

面接の赤本

JN051606

2026年度版

KODANSHA

はじめに

本書は「楽に面接上手になる方法」を紹介している。

それは、面接での回答を自分の頭で苦労して考え出すことはほぼしなくてよい方法だ。

具体的には、人事や面接官、リクルーター、OB・OG を活用して、面接における質問の正解を楽に手に入れる方法だ。その具体的な方法は 9 章で解説している。面接直前で時間がないという人は 9 章から読み始めてもよい。

本書は面接だけにとどまらず、「就活全体を楽に成功する方法」も解説している。その方法は 1 〜 8 章で解説している。時間的に余裕があるなら、1 章から順に読み進めてほしい。

「自分は、とりわけ自慢できるスゴイ経験もないし、何かで賞をとったこともない。自己 PR することがない」と悩んでいる学生は、ぜひ本書を使ってほしい。

また、「サークルやアルバイトなど、それなりにやってきた。そうした内容を、より効果的にアピールする方法を知りたい」という学生にも、本書は役立つように作られている。

就職活動を控えるすべての学生に！

目　次

1章　勝つための就活スケジュール！

インターンから始めれば、就活は勝てる！

2章　ガクチカにスゴイ経験は不要！

平凡でも内定を取るには能力ではなく、人柄を出す！

3章　面接で能力は測れない！

面接は自己申告！　適切な回答を用意すれば、内定！

4章　面接通過したいなら、SPI 対策！

SPI などの適性検査で高得点を取ると、面接で有利に！

5章　この資格で、面接が有利になる！

就活で役立つ資格は実は限られている！

6章　明るく元気な話し方になる！

バイトで、コミュニケーション能力を向上させる！

7章　スーツをかっこよく着こなす！

スーツは体型をカバーしてくれる！

8章　Web面接の攻略法！

大手企業の初期段階の面接は、Web面接が中心！

9章　面接ワークシート！

面接ワークシートで、面接のどんな質問も大丈夫！

1章

勝つための就活スケジュール！

インターンから始めれば、就活は勝てる！

無名大学の学生ですけど、大手企業に就職したいです。やっぱり、無理でしょうか？

大丈夫！
無名大学の学生でも大手企業に就職することは可能だ。
そのためには夏インターンに参加するとよい。
この後、くわしく解説しよう。
仮に、遅めに始めても、なんとかする方法がある。
面接の対策の前に、勝つための就活スケジュールを教えよう！

2025年卒の採用から、「インターンシップ」は5日間以上参加するものを指し、1〜4日間のものは「オープン・カンパニー」「キャリア教育」と呼ぶようになります。本書では、わかりやすさを優先し、すべて「インターンシップ」または「インターン」とします。

3月1日採用開始とは限らない！

企業は夏インターンから採用を開始している！

 ## 「採用活動は3月1日から開始」ではない企業も！

　現在の企業の採用の動きは複雑化している。その複雑な採用の動きを正確に解説している就活本はほぼない。

　「企業の採用活動は大学3年生の3月1日から開始」と書いてある就活本が多い。しかし、現在ではこのルールとは異なる企業も多い。

　大学3年生の夏インターンから採用が始まっている企業も多い。最新の情報を知らないと9ヵ月間の出遅れになる。

※「企業の広報活動（説明会、エントリーシート、Webテスト）は3年生の3月1日開始。選考活動（面接、内定出し）は4年生の6月1日開始」と政府のルールではなっている。

 ## 実際は、3年生の夏インターンが採用のスタート！

　現在では、インターンが実質、選考になっている企業がほとんどだ。大学3年生の夏インターンからエントリーシート・Webテスト・面接[※]のある企業も多い。そして、**インターンで内定が出る企業も多い**。

　業界によっても異なるが、ざっくり言って、大手企業の夏インターンでは2〜3割くらいが実質、採用選考になっていると思われる。秋冬インターンでは4〜6割くらいが実質、採用選考になっていると思われる。

※「面接」というと選考になるので、インターンでは「面談」と呼ぶ企業が多い。しかし、中身は一緒だ。本書では「面接」で統一する。

インターンに参加すると早期選考の案内が来る！

インターンでは内定を出さない企業でも、ほとんどの企業が早期選考をおこなっている。**早期選考とは、本選考を早く実施することだ。**

3月1日よりも前に本選考を目立つ形で開始すると、「青田買いだ！」とマスコミにたたかれる可能性があるので、企業は早期選考をひっそりとおこなう。

インターンに参加した学生だけにメールで、「インターンに参加した学生さんだけ特別に、12月1日[※] から早期選考を始めることにしました」などと案内を送ってくる。インターンに参加しないと早期選考の案内は来ない。

※今のところ、早期選考は大学3年生の12月開始が多い。しかし、年々、開始は早まっている。

本選考の期間が異常に短い企業が増えている！

インターンから早めに採用活動をしている企業は、12月〜2月の早期選考で予定人数の内定をほぼ出し終えることがある。こうした企業では、3月1日からの本選考は3次募集や4次募集くらいの意味合いになっている。つまり、**本選考開始時には内定のイスはほぼ埋まっていることがあるのだ。**

こうした企業は本選考にたくさんの学生が応募しても困るので、**本選考のエントリー期間を「3月1日から3月10日まで」などと極端に短くしている。**[※]

3月1日から就活開始の学生はわずかの数しかエントリーできず、不利になる。

※以前は、本選考のエントリー期間は「3月1日から5月末まで」の3ヵ月間の企業が多かった。
　3ヵ月間あれば学生は30〜60社くらいエントリーでき、多くの持ち駒があった。

人事コンサルタントの一条（いちじょう）先生だ。よろしく！
3月1日から就活開始した学生は、エントリー期間が短い企業が多いことを知り、パニックになる。
3年生の夏インターンから就活を始めるとよいぞ。

11

まず、インターンシップイベントに行こう！
インターンシップイベントはメリットがたくさん！

インターンシップイベントで業界の知識を得る！

　現在の就活は３年生の夏インターンからだ。そして、３年生の４月・５月くらいから各地で開催されるのが、就職情報会社リクナビやマイナビなどが主催するインターンシップイベントだ。**インターンシップイベントはぜひ行くべきだ。**

　広い会場に多くの企業がブースを出して、業界や自社の説明をし、学生のインターン参加を募集するというイベントだ。各企業が15分くらいの短い時間で説明している。**インターンシップイベントの説明を次々に聞いていけば、楽に、幅広い業界・企業の知識を得ることができる。**

志望動機が自然とできあがる！

　インターンシップイベントで１社か２社しか説明を聞かなかったという人もいるが、それは非常にもったいない。時間の許す限り、なるべく多く聞くべきだ。

　積極的な学生はインターンシップイベントに毎回、最初から行き、終了時間までいて、ほぼ全てのブースを回って説明を受ける。おかげで様々な業界の知識が楽に身につくので、**面接で必ず聞かれる志望動機や「うちの会社で将来どのような仕事をしたいか？」といった質問は楽に答えられるようになる。**

　自力で本を読んだり、調べたりするよりも、はるかに楽に、より短期間で幅広い業界の知識を身につけられる。

自分に合った企業がわかる！

「興味がない業界の説明を受けても意味がない」と言う学生もいるが、興味がないと言えるほど本当にその業界を知っているのだろうか？

興味がないと思っていた業界だったが、話を聞いてみると、実は魅力的なことに気がつくことも多い。聞いても興味がないことがわかれば、それも収穫だ。

インターンシップイベントでいろんな企業を回りまくれば、「さすがにこの業界は志望しなくていいや」とか「この業界は興味あるぞ」というのが自然とわかるようになる。1日インターンや2～5日インターンに行きたい業界が自然としぼれてくる。

初期段階で豊富な運動量だからこそ、後の方で適切かつ効率的な就活ができる。

エントリーシートも書きやすくなる！

大手企業では、インターンの初期選考としてエントリーシートやWebテストが課されることが多い。たいていの企業はWebテストの点数で落とすが、エントリーシートで落とすことは少ない。そうはいっても、エントリーシートにそれなりの内容を書いて提出したい人も多いだろう。心配はいらない。インターンシップイベントでいろんな企業を回りまくれば、業界・企業のことがわかるので、志望動機も自然と書けるようになっている。また、どの業界・企業はどういう能力が必要なのかもわかるので、自己PRなども書きやすくなっている。

私は理系女子です。インターンシップイベントは合同企業説明会のインターンシップ版ですね？

そのとおり。インターンシップイベントでいろいろな企業のブースの説明を聞きまくればいろいろなメリットがあるぞ。

早めの対策で、確実にインターン参加！

2年生の春休みから適性検査の対策開始が理想的！

夏インターンで Web テスト！ 対策は春休みから！

すでに述べたように、就活で成功をするには3年生の夏インターンから参加するべきだ。大手企業ではインターンの初期選考として、エントリーシートやWeb テストを実施することが多い（二次選考として Web 面接がある）。

エントリーシートで落とすことはあまりないが、Web テストの点数が悪いと落とされてしまう。3年生の5月末くらいまでに、Web テスト対策を終わらせておくのが望ましい。そうして、3年生の6月1日以降はリクナビ・マイナビなどでインターンにどんどんエントリーをすればよい。

逆算すると、2年生の春休みに Web テストの対策を始めるのがベストだ。可能なら、Web テスト以外の適性検査の対策も3年生の5月末くらいまでに全部終わらせると後が楽になる。

具体的には「SPI ノートの会」シリーズの問題集7冊を仕上げておくとよい。

遅くとも夏休み中に Web テスト対策は終わらせる！

2年生の春休みに対策を始めなかった人は、3年生の夏休みの間、適性検査対策をするとよい。できれば夏休みが終わるまでに適性検査対策は完了させたい。

秋冬インターンの選考になると夏よりも多くの企業が Web テストを実施する。

全ての Web テストに通過できれば、面接を数多く経験できる。面接は数をこなせば、それだけ上手くなる。そうすれば、内定が出る可能性が高まる。

12月や1月になると早期選考が次々と始まる。よって、夏休みが終わるまでには適性検査の対策は完了させるべきだ。

出遅れた人は、対策とエントリーに１日をわける！

「３年生の３月１日から就活を始めた」という、かなり出遅れた人でもなんとかする方法がある。

まず１日を半分にわけよう。頭がさえている朝から夕方までに適性検査対策をしよう。Webテストを受けるのも頭がさえている時間にしよう。夕方から夜にかけてはエントリーシートの作成・提出などをしよう。Web説明会の参加もなるべく夕方以降の時間帯にするとよい。

人によっては朝から昼で時間を区切ってもよいし、朝から15時くらいで時間を区切ってもよい。飲食する時間で区切ると頭の切り替えがしやすい。

出遅れても、エントリーし続ける！

出遅れた人で、一番よくないのは適性検査対策に専念し、エントリーをしないことだ。気がついた時には希望企業の募集が全て終わってしまっている。

また、エントリーだけで対策をしないと、どんどん落ちてしまうので、これもよくない。

出遅れた人は、４年生の最初の方では内定は取れないかもしれない。しかし、４年生の７月〜８月くらいに夏採用という名称で採用活動をする大手企業もあるし、10月以降も採用活動をするケースもある。中には、卒業間際の４年生の２月に採用活動しているケースもある。出遅れても、あきらめないことだ。

僕は文系男子です。
３月１日から就活を始めればよいと思っていたら、出遅れだった。何にも対策してない……

出遅れた人は１日を半分にわけ、前半で適性検査の対策、後半でエントリー作業をしよう。
卒業間際まで採用する企業もある。大丈夫だ。

1日インターンは会社説明会とほぼ同じ！

インターンシップイベントに参加した後は、いよいよインターンにエントリーだ。インターンは「1日もの」「2～5日もの」「数週間の長期もの」と大きくわけて3種類ある。

1日ものはほぼ会社説明会と同じだ。説明上手な人事がパワーポイントや動画を使い、わかりやすく業界・企業について説明してくれる。業界知識、その企業の知識が楽に頭に入る。

1日インターンは業界を絞り込まずに、可能な限り幅広く参加するとよい。

 ## 1日インターンはWeb開催と対面開催を半々に！

コロナ禍以降は、Web開催の1日インターンも増えている。Webインターンは行き帰りの時間が節約でき、効率的だ。しかし、社会人とじかに接する良い機会なので、志望度の高い企業など何割かは対面開催の1日インターンに参加した方がよい。

また、対面の1日インターンに参加すると、会社や社員の雰囲気を色々と感じ取ることができるので、その企業を志望するかを判断する材料にもなる。

1日インターンをWeb開催ばかりにしていると、実際に対面で面接をするという段階になると、社会人に対する恐怖感が出てきて、欠席して、それきり就活ができなかったという学生もいる。Web開催に偏るのは危険だ。

1日インターンはWeb開催と対面開催を半々くらいの割合にして参加するとよい。

2～5日インターンは夏に1社以上参加しよう！

　2～5日インターンは、企業の業務内容の知識がかなり身につき、就活の経験値が一気に高まる。ただし、それなりの時間拘束されるし、負担も大きい。ある程度興味がある業界・企業に絞って参加するとよいだろう。

　2～5日インターンはエントリーシート・Webテスト・面接といった選考があることが多い。早めに選考を体験できるというメリットがある。 2～5日ものに5～10社くらいエントリーするとよいだろう。

　夏に2～5日インターンに1社も参加できなかったという状況にはならないようにしよう。できれば、夏に1～5社くらい参加できるとよい。

理系職種は長期インターンに参加するとよい！

　数週間の長期インターンは理系職種のインターンとして使われることが多い。

　理系職種を志望の場合は、長期インターンに参加した方が絶対によい。ただし、十分に調べておかないと、参加してみてから、自分のやりたいことができない企業だとわかり、無駄な数週間を過ごすことになる。早めの段階で、1日インターンや2～5日インターンに参加したり、OB・OG訪問をしたりして、情報をしっかり集めて参加を決めるようにしよう。

　長期インターンもエントリーシート・Webテスト・面接といった選考がたいていあるので、対策が必要だ。

理系なので、2週間の長期インターンに参加したら、思っていた内容と違っていた……
途中でやめるわけにいかないし、2週間が苦痛。
この企業の1日インターンに先に参加しておけばよかった……

対面インターンシップ参加で社会人慣れ！

社会人に緊張しては、面接は絶対に上手くいかない！

 ### インターンシップイベントで社会人に慣れる！

　面接の初期段階だと、自分がスーツを着た状態で企業を訪問し、面接官を目の前にするだけで、ものすごく緊張する。緊張しては、実力の半分も発揮できない。慣れるまでに何社も面接を落ちたという人もよくいるが、これはもったいない。社会人に慣れるためには、インターンシップイベントが活用できる。

　インターンシップイベントで1日中ブースを回りまくって説明を聞きまくると、たった1日で社会人に対して緊張しなくなる。いろいろなタイプの社会人と接することで急速に慣れるのだ。ブースでの説明が終わった後、人事担当者に質問をし、話をするとさらに慣れる。一対一の立ち話なら、たいして緊張しないものだ。

スーツを着て、会社の受付で「面接に来ました」と言うだけで緊張して足がガクガクします。
面接で何を話したか全く覚えていないほど緊張します。

社会人と話すのが怖く感じ、緊張する学生も多い。
面接で緊張しては実力が出せない。
まずはインターンシップイベントに参加して、社会人と接することに早めに慣れよう。
対面の1日インターン参加でさらに社会人に慣れることができるぞ。

1日インターンで質問をすると緊張しなくなる！

1日インターンではたいてい質問ができる機会があるので、なるべく質問をしてほしい。Web開催でも質問は緊張するが、対面開催だと大勢の前で質問するので、さらに緊張する。しかし、**質問を毎回やっていると、ものすごく度胸がつく。面接でも緊張しなくなる。**

質問内容は簡単なことでよい。「入社1年目でやりがいを感じたことを教えてください」「入社1年目で一番大変だったことを教えてください」などでよい。

すでに、その説明がされていても、「先ほどご説明いただいた、入社1年目でやりがいを感じたことについて、**もう少し詳しく**教えてください」などでよい。「もう少し詳しく」をつけるだけで再度質問ができる。

社長が参加している場合は、「社長に質問をしたいのですが、●●について教えてください」と社長に質問すれば、さらに度胸がつく。

質問は短く、わかりやすく！

回答をもらったら、「ありがとうございます」で終わらず、「ありがとうございます。おかげで、入社後のイメージがはっきりできました」などと言い、笑顔で丁寧な感謝を述べる。

すると、人事担当者や社長は「あの質問をしてきた学生は熱心だし、愛想も良い」と好感を持って、覚えてくれる。

なお、**質問は長くならないように気をつけよう。**「あの学生の質問は長すぎて、そのくせ何が聞きたいのかさっぱりわからん。ああいう学生は仕事できなそうだ」という印象を与えてしまう。

> いろんな企業のインターンで社長に質問していたら、ものすごく度胸がつくのね。もし、トンチンカンな質問をして、苦笑されても、それでまた度胸がつくわね。

19

リクルーターのつく大手企業を受けよう！

リクルーターに質問すると、何倍も知識を得られる！

 大手のインターンではリクルーターがつく！

「自分は上位校じゃないから……」と小さい企業ばかり受ける人もいるが、インターンでは積極的に大手企業にもエントリーした方がよい。**なぜなら、大手企業のインターンを受けると、その後、リクルーターがつくことが多いからだ。リクルーターと話すことは、学生の就活スキルを高めてくれる。**

リクルーターはその企業の若手社員で、正式な面接になるまでの間、定期的に会って学生の就職を支援してくれる。リクルーターは毎回同じ人であることが多い。ただし、「次回、この部署の方の話を聞いてみたいのですが」などと言えば、希望の部署の社員がリクルーターとして話をしてくれることもある。

 エントリーシートと就活ノートを持参して会う！

リクルーターと会う時は、その企業のエントリーシートを印刷し、すべての項目を記入しておき、就活ノート^{（※）}と一緒に持って行くとよい。エントリーシートを見て、「この項目はうちの会社の場合こう書くべき」「この項目は面接でこう深掘りされるから、こういう風に回答するとよい」などとアドバイスをくれる。

就活ノートには自己 PR や志望動機の案を書いているので、リクルーターに見せると「エントリーシートに書いている自己 PR のエピソードよりも、就活ノートのこのエピソードの方が面接でウケるよ」などとアドバイスをくれる。

※就活ノートは、就活で知った情報を書いておくノートのこと。自分の過去のエピソード、自己 PR や志望動機の案も書く。就活ノートではなく、スマホに情報を入れているという人も多いと思う。その場合は、スマホの画面上で見てもらうとよいが、多少見づらいので、データをタブレットに移して見てもらうのも手だ。

面接の難問は、リクルーターに質問して解決！

リクルーターと会った時に、リクルーター自身が就活生の時は、どんな風に就活をしたか、就活で成功した点は何か、どんな内容の自己PRや志望動機だったか、面接ではどんなやりとりをしたか、などを聞くのもよい。この会社に入社したという成功体験を話すのだから、リクルーターは気分良く話をしてくれる。

また、**面接でよく聞かれる「この業界の課題とその解決策」や「この業界の今後の推移」などもリクルーターに聞いてみよう。**こうした難しいことは学生が自力で調べたり考えたりしても、良い答えが見つかるまで非常に時間がかかる。**面接の高難易度の質問の答えが手に入るのだから、面接を有利に進めることができる。**インターンで接した人事に同様に質問するのも手だ。

この時に、リクルーターのアドバイス、教えてくれた話はきちんとメモを取ること。メモを取らずにいると、聞き流しているように受け取られてしまう。

リクルーターは名刺を渡すことが多いので、お礼のメールを送っておこう。

後で説明するが、このようにリクルーターをフル活用するのが本書のキモだ。

リクルーターや人事担当者をフル活用すると、
面接の難問の答えを簡単に知ることができる。
リクルーターがつかない企業の場合は、自分で
電話をかけてOB・OG訪問しよう。OB・OG
に質問をし、フル活用しよう。

他社の内定は、面接では最強の武器になる！

インターンで内定が出る企業もある！

他社の内定は最強の武器！

　大手企業を受ける学生でも、中小企業のインターンにも参加するとよい。本命の大手を受ける前に、中小企業で経験をつむことができる。そして、今のインターンでは内定を出す企業も多い。**中小企業のインターンで早々に内定が出ることがある。他社の内定は最強の武器だ。**エントリーシートにはたいてい、「他社の選考状況（インターン状況）」を書く欄がある。そこに取得した内定先を書くと、強力な武器になる。

　大手企業の面接で「すでに内定があるようですが、まだ就活を続けているのですね？」と聞かれたら、「はい。私を気に入っていただき、内定をもらったのですが、御社に興味が強く、今回応募しております」とでも言えば、「早々に内定をもらった優秀な学生だ。今回の面接は通過させよう」と面接官は考える。

わらしべ長者方式で、大手企業の内定をつかむ！

　知名度の低い中小企業でも早々に1〜2社内定を取っていたら、大手企業の人事も「この学生はこんな早い時期に、中小企業だけど内定を持っているのか！優秀だな」と思ってくれる。

　中小企業で早々に1〜2社内定を取る。その実績で準大手企業の内定を1社取る。次に、その実績で大手企業の内定を取る。わらしべ長者のような方法は、早い時期から就活を始めるからこそできる。**これが上位校でもないし、特に誇れる経験や能力がない学生でも大手企業から内定を取る方法だ。**もちろん、上位校の学生にもこの方法は有効だ。

22

秋冬インターンまでに就活対策を終える！

下位校が大手狙いなら１・２年生からインターン参加！

秋冬インターンは選考の色合いが強くなる！

　10月から始まる秋冬インターンは夏インターン以上に選考の色合いが強くなる。Webテストやエントリーシートで選考する企業も秋冬インターンはさらに増える。もちろん、面接をする企業も増える。12月からは早期選考が始まる。

　よって、夏休みが終わるまでに、本書9章の「面接ワークシート」^(※)を一通り終えるようにしよう。そうすれば、面接で質問されることにはきちんと答えられるようになる。また、本書の「面接ワークシート」は、エントリーシートにも対応できるようになっている。

　※「面接ワークシート」は面接でよく聞かれる質問を挙げ、その回答案を事前に作成するものだ。自己分析に似ているが、いくつか違う点がある。

１・２年生からインターン参加という手もある！

　「大学の偏差値も低いし、とりえも何にもない。でも、就活で頑張って、少しでも良い企業に入りたい」という学生の場合は、１・２年生からインターン参加という手もある。１・２年生も、やはり、まずはインターンシップイベントに参加しよう。そして、１日インターンを中心に参加しよう。

　そして、1年生の夏休み、または、2年生の夏休みから、適性検査の対策をゆるゆると始めよう。１・２年生から始めれば、「国数苦手だ」という人も高得点を取れるようになる。

　１・２年生から就活中心になる必要はない。１・２年生は学業、部活・サークル、アルバイト、旅行などをしながら、インターンも無理のない範囲で参加しておけば、3年生の早い段階で、希望の企業から内定をもらうことができる。

これが成功する就活スケジュールだ！

企業の採用スケジュールを知ろう！

成功する就活スケジュールを頭に入れよう！

　成功する就活スケジュールを次ページに表にした。これは主に大手企業の採用日程にそったスケジュールになる。

　インターンで内定が出れば一番楽だ。3年生の12月〜2月の早期選考で内定が出れば、2番目に楽だ。遅くとも、3年生の3月1日に始まる本選考では内定を取りたい。

本選考で内定が出なかったとしても大丈夫！

　しかし、仮に本選考で内定が取れなくても、あきらめないでほしい。4年生の8月に「夏採用」という名称で募集する大手企業もあれば、4年生の10月に「秋採用」という名称で募集する大手企業もある。中には、大学卒業間際の4年生の2月まで採用活動をしている大手企業もある。

　大手企業でありながら、学生の知名度が低く、学生の応募が少なくて困っているケースはかなりあり、かなり遅い時期まで採用活動を続けているのだ。

中小企業は遅めに動き出す！

　一方、中小企業の場合は、春採用・秋採用の2段階にしていることが多い。春採用は大手企業とだいたい同時期の3年生2月〜4年生4月に選考をする。秋採用は大手企業が内定を出し終えた4年生7月〜10月に選考をする。4年生6月に大手企業の最終面接で落ちた学生は、中小企業の秋採用を受けるという手もある。

　外資系企業はまた違う動きをするので注意が必要だ。インターンでのみ採用活動をし、本選考をしない外資系企業も多い。

時期	企業の採用の動き・成功する就活の動き
大学2年生 2月〜	• 春休みを利用して、適性検査の対策開始。できれば大学3年生の5月末くらいまでに適性検査の対策を完了させる。 • 業界地図を読み始める。
大学3年生 4・5月〜	◇リクナビ・マイナビなどがインターンシップイベント開催。 • インターンシップイベントに参加する。
大学3年生 6月〜	◇夏インターンの募集・選考開始。 • 夏インターンの申し込みを開始する。選考を受ける。 • 業界研究本を読み始める。
大学3年生 8月〜	◇夏インターン開始。 • 早い時期に1日インターンに多数参加し、どの企業の2〜5日インターンに参加するか決める。理系はどの企業の長期インターンに参加するか決める。 • 2〜5日インターンに参加する。理系は長期インターンに参加する。 • 遅い人でも、夏休み終了までには適性検査の対策を完了させる。 • 本書の「面接ワークシート」を開始し、夏休み終了までには一通り終える（手直しを重ねて、年内に完成させればよい）。 ◇秋冬インターンの募集・選考開始。 • 秋冬インターンの申し込みを開始する。選考を受ける。
大学3年生 10月〜	◇秋冬インターン開始。 • 秋冬インターンに参加する。
大学3年生 12月〜	◇早期選考開始。 • 早期選考に参加する（インターン参加者のみ案内が来る）。
大学3年生 3月1日〜	◇本選考の「広報活動」解禁。具体的には、本選考のための会社説明会、エントリーシート、Webテストが解禁される。 ※インターン、早期選考で内定を出している企業の場合、本選考は3次募集、4次募集の意味合いになっている。
大学4年生 6月1日〜	◇本選考の「採用活動」解禁。具体的には、ペーパーテスト、面接が解禁される。この時期に、最終面接を実施する企業が多い。

1章のまとめ

「企業の採用活動は大学3年生の3月1日から開始」と書いている就活本が多い。しかし、このルールとは異なる企業も多い。
現在では、大学3年生の夏インターンから選考を始める企業が増えている。

まずは、インターンシップイベントでいろいろな企業の説明を聞きまくるとよいのですよね。
すると、どの業界が自分に合いそうか自然とわかってくるのですよね。

1日インターンは会社説明会とほぼ同じだ。どんどん参加しよう。
2〜5日インターンはいろいろな経験ができる。夏には1〜5社くらいは参加したい。

インターンからエントリーシート、Webテスト、面接で選考する企業も多いですよね。
だから、2年生の春休みからWebテスト対策を始めるのが理想なのですね。

2章

ガクチカに
スゴイ経験は不要！

平凡でも内定を取るには能力ではなく、人柄を出す！

私はアルバイトもサークルもしていますが、何もスゴイ成果がないです！
ガクチカ（学生時代に力を入れたこと）はどうすればいいでしょう？

僕なんてアルバイトもサークルもしてないので、ガクチカのネタがありません！

大丈夫！
面接はスゴイ経験の自慢大会ではない。
スゴイ経験をしてなくても、ガクチカは作ることができる！

平凡な経験しかない！ ガクチカどうする？

平凡な経験でも、2つのポイントでガクチカが光る！

平凡な経験しかない！ 面接のガクチカどうする？

「平凡な経験しかしてないので、面接のガクチカ（学生時代に力を入れたこと）のネタがない！」と困っている学生が多い。しかし、**面接はスゴイ経験の自慢大会ではない。ガクチカのネタは別にスゴイことでなくてよい。**

平凡なサークルやアルバイトの経験でも素晴らしいガクチカになる。

例えば、「忙しい飲食店のアルバイトを続けてきた。同時に複数のことをこなすのが大変だったが、すごく充実した仕事だった。**その経験は御社の仕事でこう活かせると思います**」という内容を心から楽しそうに言えれば、それで十分だ。

面接官は前半から「忙しいバイトも楽しんで働いていた。きっと、うちの会社でも楽しんで仕事に取り組んでくれるだろう」と受け止める。そして、後半で「うちの会社の仕事内容をよく理解している。うちの仕事に必要な能力を持っているようだ」と受け止める。すると、面接通過となる。

面接はスゴイ経験の自慢大会ではない！

ガクチカではインパクトのある経験を言えばよいと誤解している学生が多い。「アマゾンのジャングルを一人で旅しました」のような変わった経験をガクチカにする学生がいるが、あまり意味がない。

「成功体験を言おう」と考え、「テニスの大会で優勝をした」といった、スゴイ成果をガクチカにする学生もいる。しかし、**面接はスゴイ経験・スゴイ成果の自慢大会ではない。**スポーツで優秀な結果を出しても、仕事で優秀な結果が出せるとは限らない。**その経験が会社の仕事にどう活かせるかを説明できなければ、面接は通過しない。**

スゴイ経験をほこるだけではガクチカは失敗！

　仕事にどう活かせるかを説明せずに、テニスが好きで、テニスに対してどれだけ努力していたかだけを説明し続けると、「そんなにテニスが好きなら、会社勤めするのではなく、テニス関係の仕事についたほうがよいのでは？」と面接官に言われてしまう。

　同様に「バイトでお客さんを2倍にしました」「サークルの勧誘で新人を2倍にしました」「文化祭の実行委員長をしました」「TOEICで800点をとりました」といったように**スゴイ経験をほこるガクチカを言う学生が多いが、それだけではガクチカとしては失敗だ。**

ガクチカは2つのポイントを満たせば、成功する！

　ガクチカのポイントは、**①その会社の仕事内容や仕事に必要な能力を理解している、②その会社の仕事に必要な能力を学生時代にやったことで身につけている**（または、仕事に必要な能力をもともと持っていて、学生時代にやったことで、その能力を発揮した。つまり、その能力があることを証明した）、の2つだ。

　アルバイトやサークルといった平凡な経験をネタにしていても、この2つが説明できていれば、ガクチカは成功だ。

　「アルバイトやサークルはやっていたけど、特に能力を身につけもしなかったし、発揮もしなかった。どうすればいいの？」という人や「アルバイトやサークルといった平凡な経験すらしてない。どうすればいいの？」という人もいることだろう。この後、そうした人がどうすればいいのかを説明したい。

テニスで優勝経験をガクチカにしたら、面接官から「会社勤めより、プロのテニス選手になれば？」って言われて落とされた……何が悪かったの？

平凡な経験の場合、人柄をアピールする！

ガクチカで能力をアピールしなくてもよい！

バイトやサークルで成果がない！ どうする？

「バイトやサークルはしているけど、どっちも特別な成果がない。リーダーシップ、論理的思考力、説得力、発想力といった能力を発揮してない。これではガクチカが作れない」と困る学生は多い。しかし、たいしたことのないネタも、言いようによって与える印象は大きく変わる。

例えば、「コンビニのバイトを2年間していた。普通に勤務していた」という平凡な内容も言いようによってずいぶん変わる。コツは、やっていたこと、起こったことをくわしく列挙することだ。

能力ではなく、人柄をアピールする！

「コンビニのバイトを2年間続けています。コンビニの業務は多岐にわたります。レジ業務だけでなく、品出しやチケット発券、ホットスナックの準備などたくさんの仕事をこなさなければなりません。仕事を全て覚えるのは大変です。お客さんが多い時間は素早く作業をしないとお客さんを待たせてしまいます。そして、コンビニには様々な客層の方が来店します。中には理不尽な内容で怒鳴ってくる人や無茶な要求をする人、マナーの悪い人もいます。そうした中でも、私は笑顔で接客し続けました。私の長所は、理不尽で過酷な状況でも心折れることなく、笑顔で冷静に対応できることです」などと言えば、立派なガクチカになる。

アルバイト内容や日々起こったこと、イヤだったことを列挙するだけで、立派な内容になるのだ。特に、イヤだったことやトラブルを列挙するのは効果的だ。そして、この場合、能力よりは人柄をアピールしたほうがよい。

大学まで頑張ってきたなら、皆良い人柄！

　良い人柄の人材はどの企業にとっても望ましい。

　「理不尽で過酷な状況でも心折れることなく、笑顔で冷静に対応できる」という人柄は、どんなお客さん、どんな取引先とも上手くやっていけるということだ。また、どんな職場、どんな上司とも上手くやっていけるということだ。

　この手の良い人柄は実はたいていの人が持っている。

　イヤな先生もいるし、いじめっ子や仲の悪い子やいばっている先輩がいる小中高に12年間通い続けた。おまけに、好きでもない勉強をし続け、行きたくもない塾に行き続け、子供の気持ちを理解しない親に我慢し、受験なり推薦なりに成功して大学入学まで果たしたのだ。親、友達、学校の先生に、顔を合わせれば挨拶して普通に会話をし、時には笑顔で対応して、トラブルや暴力事件も起こさず、大学まで耐えたのだ。

　よって、たいていの人は「理不尽で過酷な状況でも心折れることなく、笑顔で冷静に対応できる」という人柄を持っている。

　ただ、この良い人柄を小中高の学校生活というエピソードで説明すると、面接官には伝わらないので、**良い人柄をアルバイトやサークルなどのエピソードで説明すると効果的だ。**

　リーダーシップ、論理的思考力、説得力、発想力といった能力を発揮したエピソードがなければ、このように、良い人柄をアピールするガクチカにするのだ。

> 面接はスゴイ経験・スゴイ成果の自慢大会ではない。平凡なことでも、学生の良い人柄が伝わるガクチカであれば、それは成功だ。
> 真面目に学校生活を過ごしてきた君たちは皆、良い人柄を持っている！　それは会社に必要なものだ！

負け・失敗だけの場合、ガクチカどうする？

負け・失敗の場合こそ人柄をアピールする！

企業が求める「能力」と「人柄」とは？

　企業が求めるもので、「能力」と言えるものを挙げると、指導力（リーダーシップ）、論理的思考力、説得力、発想力などだ。だいたい「力（りょく）」がつく。凡人はあまりこうした能力を持っていない。

　企業が求めるもので、「人柄」と言えるものを挙げると、誠実さ、明るさ、前向きさ、慎重さ、粘り強さ、几帳面さなどだ。だいたい「力（りょく）」はつかない。凡人と言われる人が持っていることが多い。凡人でも、これらの人柄によって大きな成果に至ることはできる。

　平凡なエピソードしかないという人は、このような「人柄」を長所としてアピールするガクチカは作りやすい。

成果が出なくても、ガクチカは作れる！

　「頑張ったことはあるけど、まったく成果が出なかった。結果は失敗しかない。これではガクチカが作れない」と困る学生も多い。しかし、**成果が出なかったことでも、人柄をアピールする形ならば、ガクチカは作ることができる**。

　「中高で野球部だったし、大学でも野球サークルに所属している。特に強いチームにいたことはなく、試合は負けの方が圧倒的に多い。選手としても平凡だった」というパッとしない内容も言いようで変わる。

　例えば、「試合に負けた時でも、私の明るさでチームを元気にし、次の試合に向けて頑張って練習しようと前向きな気持ちにしました。常に良いチームワークを維持できました。私の前向きさ・明るさで職場でも良いチームワーク作りに貢献し、仕事で良い成果を出したいです」という**前向きさ・明るさという人柄アピールのガクチカにすれば魅力的になる**。

成果ではなく、努力に焦点をあてる！

または、日々の努力に焦点をあてたガクチカにすることもできる。

例えば、「毎日、朝早い朝練から始まる厳しい練習に粘り強く耐えてきました。試合では、負けた試合でも最後まで粘り強く全力プレイをし、決して途中で試合を投げることはありませんでした。この粘り強さで仕事をし、成果を出したいと思います。」といった**努力をする人柄をアピールするガクチカ**もよいだろう。

仕事も成果が出ないのが当たり前！

どんな仕事も成果が出ない時間がほとんどだ。新規顧客の開拓をするために何十社と訪問しても、断られてばかり。数十社目にようやく新規顧客を獲得できたというのはよくあることだ。

研究開発でも、いろんな試作をして、何ヵ月も上手くいかず、数ヵ月目でようやく成功するというのも当たり前のことだ。

成果が出なくても努力し続ける、上手くいかなくてもあきらめずに試行錯誤をし続けるというのは、仕事においてとても大事なことだ。

成果が出なかったことをガクチカにすると、仕事で成果が出なくても努力し続ける人柄であることを示すことができるのだ。

負け・失敗しかない時は、努力そのものをアピールするガクチカが作れるのね。
負け・失敗に対して、前向きさ・明るさを発揮したことをアピールするガクチカも作れるのね。

サークルもアルバイトもしていない！

就活の直前から、ガクチカのネタを作ってしまえ！

学業をガクチカにする！

「新型コロナウイルスの蔓延のせいで、大学での授業がほとんどリモートだったから、友達もあんまりできなかったし、サークル活動もアルバイトもしてない。だから、ガクチカで語れることが何もない」という学生も多いことだろう。

そういう場合は、学業をガクチカにするというのが一つの手だ。学生の本分である学業にこんなに力を入れたというガクチカはありだ。

学業から派生して、「リモート授業ばかりで仲良くなりづらかったので、リモート飲み会やリモートお茶会をして、仲良くなる仕組み作りに力を注ぎました」などというガクチカもありだ。

しかし、面接官の中には、「学業以外で、学生生活で力を入れたことを教えてください」と質問してくるケースもある。

これは学業以外の話も聞いて、より多面的に学生の人柄を把握したいと考えるからだ。学業以外のガクチカも用意しておいた方がよい。

ネタが何にもなければ、今からガクチカを作る！

「大学の授業には特に熱心ではなく、単位を落とさないように最低限のことをしていただけ。大学のリモート授業以外の時間は本当に何もしてなかった。サークルもアルバイトもしていなかった。趣味も特技も何もない。部屋で寝てばかりいた。1日12時間寝ていた。だから、ガクチカで言えることは何もない」という人もいるかもしれない。

そういう人は今からガクチカのネタを作ろう。

大学2・3年生からサークルに入るのもあり！

　手っ取り早いのはアルバイトを始めることだ。ファーストフード店のアルバイトでも始めてみよう。アルバイトは企業の仕事と結びつけやすいので、短期間でもアルバイトをしているとガクチカを作りやすい。

　2・3年生でも、途中からサークルに入ってみるのも手だ。上下関係に厳しくない文化系のサークルは途中からでも入りやすい。TOEICの勉強サークルに途中から入り、TOEIC高得点を目指すというのもよいだろう。

　面接ではチームワークに関する質問がよくあるので、アルバイトやサークル活動をしておくと、そうした質問に答えやすくなる。

資格取得や旅行をガクチカにする！

　TOEIC高得点を目指すことや、資格取得を目指すことはガクチカのネタにしやすい。思い立ったら、いつでも資格取得の勉強は始められる。

　自動車免許を取得し、バイトをして安い中古車を買い、毎週末に車で出かけ、夏休みや冬休みに遠い地方まで旅をしたというガクチカもよいだろう。

　何か少しでも好きなもの、興味があるものなら、それを深めて、ガクチカにしてみよう。

　「大学生の今は、好きなことは何にもない。小学校の頃までは絵を描くのが大好きだったけど、親から絵を描く時間があれば勉強しろ、塾に行け、と言われて中高は絵を一切描いてなかった」といった人もいるだろう。そういう人は小さい頃に好きだったことを今またやってみればよい。自分が好きなことを思い出すこと自体が、ガクチカになることもある。

寝るのが大好きで1日12時間寝ていました。
サークルもバイトもしていません。
ガクチカ作れないです……

2章　ガクチカにスゴイ経験は不要！

大学時代はひたすらゲームをしていた！

ゲームで遊びまくったこともガクチカになる！

ゲームもガクチカにできる！

　ゲームが大好きで毎日数時間やっているとする。ゲームのビジネス活用に関して、書籍を読んだり、ネットで調べたりして、理論武装をしてガクチカに作り上げることもできる。そのゲームにどれだけのユーザー数があるか、市場規模があるか、などを調べておき、何も見ずに言えるようにしておくとよい。

　たとえば、フォートナイトというゲームは、無料でプレイできるバトルロイヤルゲームであり、世界中で約4億人が登録している。バトルロイヤル以外のこともでき、フォートナイト内で星野源や米津玄師がライブを開催したことも有名だ。

　フォートナイトの「クリエイティブモード」では、自分で独自のゲームを開発することができる。新しいゲームが、約100日間で100万人にプレイされたこともある。

　24歳以下のプレイヤーが60%以上を占めるプラットフォームであり、35歳以上のプレイヤーは15%程度しかいない。フォートナイトは、10代や20代を対象にした、様々なビジネスのグローバルなプロモーションに有効なものになっている。

ビジネスの成功事例を挙げればガクチカになる！

　フォートナイトとドラゴンボールのコラボも有名だ。ゲーム内でドラゴンボールのキャラクターが使え、プレイヤーがかめはめ波や筋斗雲を使って戦えるコラボになっていた。同時期に公開されたドラゴンボールの映画「ドラゴンボール超スーパーヒーロー」のプロモーションも兼ねて実施されたものだが、このコラボの効果もあり、米国でのこの映画の興行収入は3080万ドルを突破し、北米で公開されたアニメ映画史上、五本の指に入る記録になった。

　こうしたビジネスの成功事例を挙げれば、ゲームもガクチカになる。

志望先のビジネスとゲームを結びつける！

後は、**志望先のビジネスとゲームを結びつけるとよい。**

フォートナイトの中で自分たちのオリジナルゲーム、オリジナル世界を作り、ファンをつけた後、デジタルアイテムを販売して収益を得ることもできる。さらに、リアルなグッズを売り出すという展開もできる。

たとえば、面接先の企業がアパレルならば、フォートナイトのオリジナルゲームのキャラクターに特徴的な服を用意し、その服をデジタルアイテムとしてゲーム内で販売する。ゲーム内では、その服は防刃・防弾・防火などの効果がある設定にする。

リアル店舗でもその服の実物を売る。ゲームと同様に、防刃・防弾・防火素材の服で、かつ日常使いもできる高額のものとする。防火の服なら１万円程度、防刃の服なら１万〜５万円程度、防弾の服なら５万〜20万円程度になるだろう。ちなみに、防弾のスーツというのは本当に存在し、200万円程度だ。

仮に、面接先が食品メーカーであれば、ゲーム内の回復アイテムをその企業の商品各種にすればよいだろう。**たとえゲームであろうと、自分がそれによって会社に大きな利益を生み出せると言えれば、面接は通過する。**

ゲームのビジネス活用の可能性を知るには、『世界2.0 メタバースの歩き方と創り方』（佐藤航陽著 幻冬舎）はオススメ。

フォートナイトは2023年にオープン化し、外部のクリエイターがステージを作ると収益の４割を返すという仕組みになった。これによって、一人で100億円稼ぎ出すようなクリエイターが生まれるかもしれない。今後も目が離せない。

YouTube、TikTok もガクチカにできる！

　ゲーム同様に、YouTube、TikTok などで動画をたくさんあげてきたなら、それもガクチカにできる。

　例えば、「私は YouTube、TikTok などで●●●●のような動画を多数あげてきました。従来広告と言えば、テレビ広告でした。製作に手間と時間がかかり、大変高額で、日本限定でした。しかし、YouTube や TikTok であれば、低価格・短時間で製作でき、日本全国のみならず、世界に情報発信できます。また、多言語化も簡単にできます。言語に頼らず画像だけで伝えるということもできます。私のように YouTube、TikTok の製作に長けた者を採用していただければ、売り上げに貢献できると考えています」といったようにアピールできる。

　YouTube や TikTok のビジネス活用に関する書籍を読んで、理論武装をしておけば、どう仕事に活かせるかが説明でき、立派なガクチカになる。

面接官は知らないという前提で説明を考える！

　一次面接、二次面接では、若手の面接官が出てくることが多いので、YouTube や TikTok は見たことがあるし、先に述べたフォートナイトもなんとなくわかるので、説明にはそれほど困らないだろう。

　しかし、最終面接（役員面接）になれば、YouTube も TikTok もフォートナイトも見たことも聞いたこともないという年配の社長・役員に説明しなければならないので、よりかみ砕いた説明をする必要がある。

　もちろん、一次面接でも面接官が知らないようであれば、説明レベルを下げる必要がある。例えば、学生から面接官に「TikTok を見たことはあるでしょうか？」のように最初に質問を投げかけてから、説明レベルを判断するのも手だ。

その他何でもガクチカにできる!

同様に、マンガやアニメに学生時代の大半を費やしたというネタであっても、ガクチカになりえる。マンガやアニメを面接先のビジネスにどうつなげるかを考えてみよう。ポイントは、自分がそれによって会社に大きな利益を生み出せると言えることだ。

どんなことでもガクチカにできる。「まさか、こんなことでガクチカなんて作れるわけがない」と思わず、まずは、自分が好きなこと、自分が時間をかけていたことが、ビジネスにどう関連づくかを書籍やネットで調べてみることだ。そして、まずは、ガクチカを書いてみよう。

道で女の子に声をかけるナンパばっかりしていた友達が、ナンパをガクチカにしようって考えているのですが……

さすがにナンパをガクチカにするのは、やめておくべきだろう。
若い男性のリクルーターと雑談の時に、ナンパの話をする程度なら、営業に向いているかもとプラスに受け止められるかもしれない。その程度にとどめておこう。

ナンパと面接は似ている部分がある。
ナンパは断られても、断られても、気にせず次々声をかけ続ける。何十人と声をかけていると、そのうち上手くいく。面接は落とされても、落とされても、気にせず挑み続けると、面接上手になって通過するようになる。

2章のまとめ

「ジャングルを一人旅」のような珍しい経験や「テニスの大会で優勝」のようなスゴイ経験のガクチカがよいのだと勘違いしていました。

どんなにスゴイ経験をしていても、その経験が仕事にどう活かせるかを説明できなければ、面接は通過しない。

アルバイトやサークルの平凡な経験では、よいガクチカを作ることができないと勘違いしていました。

平凡な経験の場合は、人柄をアピールするのも手だ！
大学まで頑張ってきた学生は皆、良い人柄だ。

3章

面接で能力は測れない！

面接は自己申告！
適切な回答を用意すれば、内定！

私はサークルの代表としてリーダーシップを
発揮しました。

あなたのサークルは何人構成でしたか？

サークルでは何が問題点（課題）でしたか？

なぜその問題点（課題）が発生したのですか？

解決のため、あなたはどんな行動を取りましたか？
……

こんなに掘り下げられるとは思ってなかった……

ウソを見抜くため、面接官は質問を
重ねまくるぞ。

現在の主流は、コンピテンシー面接！

学生のウソを見抜くため、1つの事柄を深掘りする！

面接では能力は測れない！

「面接では能力を測ることはできない」と言ったら、びっくりする学生が多いだろう。

「リーダーシップや論理的思考力といった能力を面接で測っているのでは？」と思った人もいるだろう。しかし、**面接は「自分はこういう能力を持っています」と学生が自己申告しているに過ぎない。**エピソードなどがしっかりあれば、<u>その自己申告は本当らしい</u>と面接官が評価するだけだ。

本当に能力を測りたいなら、実際にやらせてみるしかない。

リーダーシップのレベルを測りたいなら、部下役を10名用意し、学生に「リーダーとして1時間でこの10名を指導して、この課題を達成してください」といったシミュレーションをするべきだ。

しかし、そういったシミュレーションをしている企業は日本にはほぼない。

コンピテンシー面接で仕事に必要な資質を確認！

現在の採用では、コンピテンシー面接が主流だ。優秀な社員の資質を分析し、自社の仕事に必要な資質（コンピテンシー）を明確にし、学生がその資質を持っているかを確認する面接を「コンピテンシー面接」という。このようにして採用した学生は、優秀な社員と同じ資質を持っているので、入社後に良い成果を出してくれる可能性が高い。**コンピテンシー面接では、ウソを見抜くため、面接官は質問を重ねまくる。**現在の採用では、どの企業も質問を重ねまくると思って、学生は準備しておくべきだ。

準備をしておかないと、本当のことであっても、重ねられた質問に上手く答えられず、面接官にウソと判断されるか、レベルが低い回答と判断されてしまう。

面接官はウソを見抜くため、質問を重ねまくる！

例えば、自社の仕事に必要な資質（コンピテンシー）はリーダーシップなので、面接官は「リーダーシップを発揮した経験を教えてください」と質問する。

学生が「私はサークルの代表としてリーダーシップを発揮しました。具体的には、こんなことがありました。……」と述べたとする。

すると、面接官は、以下のような質問を次々と投げかけ、深く掘り下げていく。

- あなたのサークルは何人構成でしたか？
- サークルでは何が問題点（課題）でしたか？　なぜその問題点（課題）が発生したのですか？
- 解決のため、あなたはどんな行動を取りましたか？　その行動に対して、周囲からどんな意見が出ましたか？
- 行動を進めていく中で、特に苦労したことや工夫したことを教えてください。
- 行動して、最終的にどんな結果になりましたか？　そのことで、周囲にどのような影響がありましたか？
- その問題点（課題）の解決によって何を得ましたか？　反省点はありますか？

このように1つの事柄に関して様々な角度からの質問が重ねられるので、ウソのエピソードや作り込みの甘いエピソードだと、途中で上手く答えられなくなる。こうして質問を重ねまくることで、面接官は学生のウソを見抜こうとしているのだ。

> コンピテンシー面接で調べられる定番の能力は、リーダーシップ、チームワークだ。この2つは作り込んでおくとよい。コミュニケーション能力や説得力など違うコンピテンシーを発揮した経験を求められても、リーダーシップ、チームワークの2つを手直しして話せばなんとかなる。

面接官の質問を想定し、答えを用意する！

用意した答えを盛り込んだ自己PRを作成しておく！

面接官の質問を想定し、10分の自己PRを作る！

現在の採用では、学生のウソを見抜くため、面接官は質問を重ねまくる。ウソではなくても、作り込みの甘いエピソードだと、途中で上手く答えられなくなる。

だが、逆を言えば、面接官が重ねてくる質問を想定し、その答えを盛り込んで、2500字くらいの自己PRを作り込んでおけば、どんな質問を重ねられても、上手く答えられる。2500字はだいたい10分くらい話す内容だ。リーダーシップとチームワークの2種の自己PRを作っておくとよい。

1分バージョンも用意しておく！

2500字（10分程度）のフルバージョンを作った後に、750字（3分程度）、250字（1分程度）くらいに縮めたバージョンも作っておくとよい。

ただ単に「リーダーシップを発揮した経験を教えてください」と言われれば、250字バージョンで言えばよい。250字バージョンならこんな感じだ。

「私はテニスサークルの代表としてリーダーシップを発揮しました。サークルには●●という問題点がありました。これはもともと●●なのが原因でおこった問題でした。私は解決のため、●●という行動を取りました。この解決策を始めて●ヵ月後には●●という改善をすることができました」

このくらい簡潔に言い、面接官がいろいろと質問を重ねてくるのを待つのだ。

> 質問に対しては1分以内に短く答え、面接官の深掘りする質問にいろんな武器を用意しておくのね。

10分の自己PRがあれば、どんな質問も大丈夫！

面接官の質問を想定し、2500字（10分程度）くらい書いておけば、どんな質問にも答えられる。スペースの関係で800字程度の例を載せておく。

　　私はテニスサークルの代表としてリーダーシップを発揮しました。私のテニスサークルは100人規模で、週3日練習で、土日は月●回くらいの頻度で試合を組んでいました。

　　サークルには●●という問題点がありました。これはもともと●●なのが原因で起こった問題でした。

　　私は解決のため、●●という行動を取りました。周囲にこの解決策の協力を得るべく話し合いをしました。賛成の意見が多かったのですが、●●なので反対だという意見も一部の仲間から出ました。この反対意見のため、私の解決策は数日間、ストップしてしまいました。サークルの練習自体も数日間、中止になってしまいました。賛成派と反対派で意見の対立が深まり、険悪な雰囲気になってしまいました。このまま行くと私の解決策は廃案になりそうな危機的な状況でした。そして、サークルが二つに割れるか、辞める者が大量に出そうな事態になってしまったのです。

　　私は賛成してくれている仲間と一緒に相談し、これは私が事前に●●に関する説明を十分にしていなかったことが原因だったと気がつきました。そこで私は再び話し合いを開きました。まず、私は自分の説明が不十分だったことを素直に謝罪しました。そして、反対派の心配する●●は、●●のようにすれば発生しないことを説明しました。

　　すると、反対派も皆、賛同してくれ、全員で力を合わせて解決策に取り組むことになりました。なお、この解決策には●●、●●、●●といった工夫を私が加え、より効果が出るようにしました。この解決策を始めて●ヵ月後には●●という改善結果を出すことができました。この改善により、サークルの皆から私は感謝をされました。また、サークルの一体感は前よりも高まりました。

　　私はこの経験でリーダーシップには●●が必要だということを学びました。そして、リーダーシップを高めることもできたと思います。

リーダー経験がない場合、どうする？

リーダーをしていなくても、リーダーシップを語れる！

 ## リーダー以外の、リーダーシップのエピソード！

「自分はサークルでリーダーではなかったし、バイトでもリーダーではなかった。この場合、リーダーシップのエピソードはどうすればいいのだろう？」という疑問を持つ人もいるだろう。

自己PRで述べる解決策の発案者や行動者が、実際は自分でなくてもいい。サークルのメンバーとして、リーダーの横にいて、一緒に考え、一緒に悩み、一緒に行動したなら、それはチームの手柄なのだから、自分の自己PRとして話してもよい。

リーダーも一人だけですべてを調べ、すべてを考えることはまずない（しかし、リーダーは全部自分で調べ、考えたように自己PRをすることが多い）。皆で手分けして調べ、皆で考えを出し合って決断し、皆で行動して解決をしたはずだ。

サークルの代表が中心にいたとしても、横にいてくれた仲間のあなたがいなければ、きっと成功しなかったことなのだ。

 ## 大きなイベントの議論や行動は記録する！

サークルでもバイトでもゼミ活動でも、何か大きなイベントをする時はなるべく中心にいて、リーダー達と一緒に考え、一緒に活動することだ。そして、イベントの時の議論や行動は記録をして大事に取っておくとよい。後に自己PRを作る際の材料になる。イベント中は「私が書記をするよ」と記録をとる。イベントが終われば、「私が資料を保管しておくよ」と言って、自分で保管しておけばよい。イベント以外の日々の練習や活動の記録も材料になるかもしれない。

このように、コンピテンシー面接も自己申告である以上、入念な準備をすれば必ずクリアできる。

リーダーでない場合は、主語を工夫する！

　リーダーではない場合、「自分は中心メンバーとしてサークルをまとめていた」などと説明し、主語は「我々は〜」とすればよい。明らかに自分が主体で動いた部分の主語は「私は〜」とすればよい。

　私はテニスサークルの中心メンバーとしてリーダーシップを発揮しました。私のテニスサークルは100人規模で、週3日練習で、土日は月●回くらいの頻度で試合を組んでいました。
　サークルには●●という問題点がありました。これはもともと●●なのが原因で起こった問題でした。

　我々は解決のため、●●という行動を取りました。周囲にこの解決策の協力を得るべく話し合いをしました。賛成の意見が多かったのですが、●●なので反対だという意見も一部の仲間から出ました。この反対意見のため、我々の解決策は数日間、ストップしてしまいました。サークルの練習自体も数日間、中止になってしまいました。賛成派と反対派で意見の対立が深まり、険悪な雰囲気になってしまいました。このまま行くと我々の解決策は廃案になりそうな危機的な状況でした。そして、サークルが二つに割れるか、辞める者が大量に出そうな事態になってしまったのです。

　私は賛成してくれている仲間と一緒に相談し直しました。相談の結果、これは我々が事前に●●に関する説明を十分にしていなかったことが原因だったと気がつきました。そこで我々は再び話し合いを開きました。まず、我々は説明が不十分だったことを素直に謝罪しました。そして、反対派の心配する●●は、●●のようにすれば発生しないことを説明しました。
　（以下省略）

面接の３つの落とし穴に要注意！

普通の人であることが自己PRになる！

面接は質問に適切に答えれば通過する、楽なもの！

ものすごく単純に言えば、面接を通過するためには、清潔感のある身なりで、笑顔で元気良く話し、面接官の質問に適切に回答すればよいだけだ。回答はわかりやすく簡潔に話し、根拠として納得できるエピソードをそえれば、さらによい。**実技があるわけでもなく、質問に適切に答えれば通過する非常に楽なものが面接だ。**

そして、面接官がそのエピソードが本当かを確認するためにいくつか質問を重ねても、そつなく回答し続ければ、「この学生は本当のことを言っている。自社に必要な能力がある」と面接官は評価し、通過となる。

面接の３つの落とし穴に注意！

しかし、時として、「その企業に必要な能力がある」ことをきちんと伝えても、落ちてしまうことがある。それは「面接の３つの落とし穴」のどれかに、気がつかないうちに、はまってしまったからだ。

面接の落とし穴３つは以下だ。

- ●危ない人
- ●職場で仲良くやれない人
- ●内定辞退しそうな人

面接官は、どんなに優秀な学生であっても、この３つのどれかに引っかかる学生を面接で通過させない。

優秀でなくても、人柄が良いという評価で面接通過！

面接において、学生は「その企業に必要な能力がある」と伝えることに一生懸命になる。しかし、その前に、「面接の3つの落とし穴」にはまらないように努力をするべきなのだ。

というのも、「自社に必要な能力」が明確化されていない企業が実はけっこう多いからだ。そういう企業の場合、人事担当者は面接官に「人柄が良くて、優秀な学生を面接で通過させて」という程度の指示しか与えない。

逆を言えば、「人柄が悪くて、優秀ではない学生を面接で落とせばよい」と面接官は受け取る。

優秀さではなく、人柄の良さをアピールする！

「人柄が悪くて、優秀ではない学生を面接で落とせばよい」という通過基準であれば、優秀さをアピールする自己PRではなく、人柄の良さをアピールする自己PRを作ればよいのだ。

「優秀さ」に焦点を当てない自己PRなのだから、面接官は優秀かどうかに気が向かなくなる。あとは「人柄が良い」ということを面接で示すことができれば、優秀でなくても面接が通過する。

人柄が良いと評価される方法とは？

どうすれば、「人柄が良い」ことになるか？
「面接の3つの落とし穴」をクリアすれば「人柄が良い」ことになるのだ。
この「面接の3つの落とし穴」にはまってしまうと、明らかに「人柄が悪い」と面接官は判断してしまう。
「面接の3つの落とし穴」についてこれから説明しよう。

面接の落とし穴① 危ない人

安全な人材であることを面接でアピールする！

面接の落とし穴①「危ない人」！

面接官は「危ない人」を確実に落とす必要がある。

精神的に不安定でちょっとしたことで出社拒否したり、自傷行為をしたりする人物か、ギャンブルなどに異常にはまっている人物か、**倫理観が低く、入社後に横領などの不正をする人物**か、社内で盗みをしたりする問題行動をおこしたりする人物か、**セクハラ・パワハラなどをする人物**か、**社外で犯罪などをする人物**かを見極めることは面接では非常に重要だ。

このような人物を採用しては、企業は大混乱に陥ってしまう。

変わった質問は、「危ない人」を見分けるため！

「危ない人」を見分けるため、面接官は、「もし100万円をもらったら、何に使いますか？」「最近、怒ったことは何ですか？」「自分を動物に例えると何ですか？その理由も教えてください」といった変わった質問をする。

「100万円は全部パチンコにつぎ込みます」「最近、スピード違反で警察に捕まって腹が立ちました」「自分を動物に例えるとハリネズミです。触れる者はケガをするから」のような回答なら、面接官は「危ない人」と判断する。

「危ない人」でないことは、プラス評価になる！

「ギャンブルをしたことがある」といった事実も面接で言わないようにすればよい。面接はあくまで自己申告なのだから。逆に言えば、**学生の方から「自分は安全な人だ。危ない人ではない」と上手に伝えれば、面接官は「この学生の人柄がわかった！」と安心をし、プラス評価をする**。

普通の人柄であることを、上手にアピールする！

「精神的に安定していて、出社拒否・自傷行為をせず、ギャンブルにはまらず、普通の倫理観を持ち、不正・暴力・犯罪をしない」という人材だと説明すれば、面接官は「この学生の人柄がわかった！」とプラス評価をしてくれる。

これは普通の大学生はたいてい満たしているはずだ。わざわざこれを面接の所々で説明すれば「良い人柄」ということになる。

「どうやって、そんなことをアピールするの？」と思う人も多いだろう。

たとえば、「精神的に安定していて、出社拒否・自傷行為をしない」というのは、「つらいことがあったけど、逃げずに乗り越えた」というエピソードを語ればよい。つらいことは、ささいなことでもよいのだ。途中で逃げた・辞めた友達も多かったが、自分は最後まで続けたという伝え方もよいだろう。

「ギャンブルにはまらない」というのは、「パチンコや麻雀にはまる友人もいたが、自分ははまらずに、やるべきこと（学業、サークル、バイト）に専念した」というエピソードを語ればよい。専念したことは、ささいなことでもよいのだ。

「普通の倫理観を持ち、不正・暴力・犯罪をしない」というのは、「イヤなことがあっても腹を立てなかった」とか「周りがズルをしても、自分はズルをしなかった」というエピソードを語ればよい。この方法であれば、通常はマイナスであるイヤなことが、プラスに転じることができるし、ただ単に悪いことをしなかったという当たり前のことがプラスになる。

このように、エピソードの伝え方で面接官に「危ない人」と感じさせることも「良い人柄だ」と感じさせることもできる。これも面接が自己申告で成り立っているからだ。

面接の落とし穴②　職場で仲良くやれない人

チームで仲良くやったエピソードをアピールする！

面接の落とし穴②　「職場で仲良くやれない人」！

　面接の落とし穴の2つ目は「職場で仲良くやれない人」であることだ。

　偏差値の高い大学出身であったり、素晴らしい資格があったり、留学経験があって語学が堪能だったりして、**優秀な人であっても、「職場で仲良くやれない人」を企業は採用したくない**。そのため、面接官は、学生がチームで上手くやれるかについて確認するための質問を何度もする。

チームでの経験を語れないのは不利！

　コロナの影響で、サークルなどに所属せず、個人での活動が主だという学生は非常に多いが、**チームでの経験を語れないと、「チームで仲良くやれる人」だと説明する材料がないことになるので不利だ**。

　例えば、「学生時代は TikTok と YouTube の動画配信をして、一人で年間数百万円の売り上げを上げていました。サークルもアルバイトもしていません」というガクチカの場合、他の人と一緒に活動していたことがないため、「チームで仲良くやりました」というエピソードがない。

　中高で部活にも所属していなかったら、チームでのエピソードはゼロになってしまう。

　これでは、面接官としては、いくら質問しても、「チームで仲良くやった」ことを確認できないので困ってしまう。面接官も最後には、「いくら話を聞いても、君の人柄が伝わらないね」と言って面接を終えてしまう。

　面接官の言う「人柄」とは、「チームで仲良くやれる人間性」のことを意味することが多いのだ。

チームでのエピソードを作り出す！

「チームで仲良くやれる人間性」があると証明できない以上、「チームで仲良くやれる人間性」がないと面接官は判断するしかない。**逆に言えば、「チームで仲良くやりました」というエピソードを用意しておけばよいのだ。**

大学2・3年生からでも、何かのサークルに入るのもよい方法だ。上下関係の厳しくない文化系サークルは途中からでも入りやすい。TOEIC勉強サークルなど途中からでも入りやすいし、TOEICの勉強にもなる。

一番手っ取り早いのはバイトを始めることだ。ファーストフード店などはバイトを始めやすいし、元気で明るいコミュニケーションの練習にもなる。

教養演習やゼミの友達と遊びに行くことが多いということでもよいし、Web飲み会をしょっちゅう主催しているということでも、「チームで仲良くやれる人間性」を説明することはできる。

個人での活動なら、外部とのつながりをアピール！

TikTokとYouTubeの動画配信のような個人の活動なら、誰かとコラボをすればよい。または、学内のいろいろなサークルに取材に行くという動画もよい。**実際は一人でやっていても、外部の人と多くのつながりを持ったというのは**「チームで仲良くやった」に近い印象を与えることができる。

これなら、実際は付け焼き刃のエピソードでも、面接官に「チームで仲良くやれる人」だと感じさせることができる。これも面接が自己申告であるからだ。

「チームで仲良くやれる」と「チームワーク」は別物だ。
「チームで仲良くやれる」は、たんにチームになじむというだけ。
「チームワーク」は集団の目標達成のために、全体に目を配り、時には譲り、主張し、協力する高度な能力を指す。

面接の落とし穴③ 内定辞退しそうな人

内定辞退しそうと思われたら、優秀でも内定は出ない！

面接の落とし穴③「内定辞退しそうな人」！

どれだけ優秀だろうと、本気で自社を志望していない人に内定を出しても無駄だ。なので、面接官は本気で自社を志望しているのかを確認したいと思っている。本気で志望していないことがわかれば、どんなに優秀でも、すぐに落とす。そのために聞くのが、自社への志望度と他社の選考状況だ。

自社への志望度は「御社は第一志望です」の一択！

面接官が「当社の志望度はどのくらいですか？」と質問した場合、「御社は第一志望群です」と学生が返事した時点で、「群？　第一志望群は何社あるのだ？」と面接官はがっかりしてしまう。

どんな企業にも「御社は第一志望です！」と言うことが大切だ。

他社の応募状況では、業界をそろえる！

例えば、自動車メーカーの面接で、「どんな企業を受けていますか？」と聞かれた時に、金融業界の社名ばかり挙げれば、「本当は金融業界を志望しているのだな。自動車メーカーの志望度は低そうだ。これは落とそう」と判断されてしまう。

「どんな企業を受けていますか？」と聞かれたら、**今回の面接先と同じ業界を数社受けていると答えれば**、「少なくともこの業界を志望しているのは間違いなさそうだ。志望度はまあまあ高そうだ。今回の面接は通過させよう」と面接官は判断する。

他社の選考状況でも、業界をそろえる！

「他社の選考状況は？」と聞かれたら、やはり、面接先と同じ業界で数社の選考状況を伝えよう。他業界の選考状況ばかりを伝えると志望度を疑われてしまう。

内定がすでに数社から出ている場合は、「今までもらった内定は5社です。すでに4社は辞退しており、現在残っている内定は1社です。御社から内定をいただきましたら、その企業には辞退の連絡をして、就活を終えるつもりです」などと伝えれば優秀さと志望度の高さが伝わり、「優秀な学生だから内定を出そう。うちの内定は辞退しないな！」と面接官は判断して内定を出す。

ちなみに、**複数の内定を持ったままにしている学生を、面接官は「簡単に内定辞退をする人」と判断し、内定を出したくないと考える**。内定がダブッたら、どちらか1社だけ残し、もう1社は辞退しよう。

業界研究・企業研究の深さで志望度をアピール！

より積極的に志望度の高さをアピールし、「入社意欲が高い！ 内定辞退しなそうだ！」と面接官に感じさせる方法としては、**業界研究・企業研究をしっかりして、面接での受け答えをすることだ**。

業界研究・企業研究ができていることが伝わるように話せば、「この業界を強く志望しているし、うちの会社を本気で志望している。内定辞退しなそうだ！」と面接官は判断し、内定を出してくれる。

自社への志望度と他社の選考状況を適切に答え、業界研究・企業研究をしたことをアピールするような受け答えをすれば、実際の志望度はそれほど高くなくても、面接官に「この学生は、うちの会社を第一志望と考えている。内定辞退しなそうだ！」と感じさせることができる。それも、面接が自己申告であるからだ。

さて、これで「面接の3つの落とし穴」をクリアする方法が身についた。つまり、「人柄が良い」と評価される方法も身についたことになる。

3章のまとめ

面接官はウソを見抜くため、質問を重ねまくる。面接は学生の自己申告なので、学生の回答に矛盾がなければ、事実として認められ、その能力はあると評価される。

だから、質問を想定し、10分の自己PRを作っておくとよい。
多くの企業が必要な能力としている、リーダーシップとチームワークの2つは自己PRを作っておこう。

能力をアピールするだけでなく、面接の3つの落とし穴（危ない人、職場で仲良くやれない人、内定辞退しそうな人）にはまらないようにしよう。
面接の3つの落とし穴をクリアすれば、人柄の良さをアピールすることができる。

明確な採用基準がない企業の場合、人柄の良さを自己PRにすることで面接を通過できる。

ただし、リーダーシップのような能力を評価する企業では、人柄の良さをアピールするだけでは不十分なこともある。

4章

面接通過したいなら、SPI 対策！

SPI などの適性検査で高得点を取ると、面接で有利に！

適性検査は国語・数学などの能力検査と性格検査で構成され、職業の適性を測る。「SPI」「玉手箱」が有名だ。

私は適性検査の対策をしたから高得点よ。

この学生は適性検査が高得点だ。すごく優秀だな。
こんな優秀な学生は落とすわけにはいかない。
あたりさわりのない質問をして、次の面接に進めよう。

あの学生の適性検査の得点はボーダーラインぎりぎりだ。
うちの会社でやってけるか、厳しくチェックしてやろう。

適性検査の対策をちゃんとしておけばよかった……

適性検査の対策で、面接上手になれる！

ボーダーラインぎりぎりだと、面接が厳しくなる！

適性検査対策は面接対策につながる！

「適性検査対策は面接対策につながる」ということを知ると非常に有利になる。まず、適性検査について説明しよう。

適性検査は国語・数学・英語などの能力検査と性格検査で構成され、職業の適性を測る。能力検査だけ、性格検査だけで実施されることもある。

適性検査はいろいろなテスト会社がそれぞれ販売している。

● リクルート社が販売している適性検査が「SPI」。
● SHL 社が販売している適性検査が「玉手箱」。

この 2 つが特に多く使われている。

適性検査の受検方式は、ペーパーテスト、Web テスト（自宅などのパソコンで受検）、テストセンター（専用会場のパソコンで受検）の 3 方式がある。SPI のようなメジャーな適性検査はどれもこの 3 つの受検方式を持っている。

この10年くらいは適性検査を Web テスト方式で実施する企業が多い。

適性検査を通過しないと、面接にたどりつかない！

今の就活ではたいてい、エントリーシートと Web テストが最初にあり、大量の応募者をふるい落とす。大量のエントリーシートに人事が目を通すことはせず、Web テストの結果で大幅に落とすことが多い。[※]

つまり、Web テストを通過しなければ面接にたどりつかない。

※エントリーシートでふるい落としをする企業もまれにある。

面接は本番の数をこなすほど上手になる！

　面接が上手になるには数をこなすことだ。大学のキャリアセンターで模擬面接を受けるのもよいだろう。だが、**本番の面接を数多くこなすのが一番上手になる。**

　10社エントリーして、Web テストで毎回通過すれば、面接を10回受けることになる。そうすれば、確実に面接が上手になる。

　10社エントリーして、Web テストで毎回落ちれば、面接を１回も受けないことになる。これでは、いつまでたっても面接が下手なままだ。

　なるべく早めに Web テスト対策をして、確実に Web テストに通過でき、確実に一次面接に参加できるようにすれば、面接は上手になる。

インターンには、適性検査の通過が必須！

　最近では、インターンの選考で適性検査を実施する企業が非常に増えた。インターンでは特に Web テストで適性検査が実施されることが多い。**インターンの選考では Web テストの後、面接が実施されることが多い。**

　数週間かかる理系職の長期インターンでは必ず Web テストが実施される。
　大手企業の場合だと１日インターンでさえ Web テストを実施することが多い。**インターンの Web テストを通過し、早くから面接を経験すれば、それだけ面接が上達する。**

> インターンの選考では Web テストの後、面接が実施されることが多い。
> インターンの Web テストを通過し、早くから面接を経験すれば、それだけ面接が上達する。
> 面接は数多くこなせば、上手になる。

適性検査は短時間で大量の問題を解く！

問題集による慣れが、点数を大きく左右する！

 ## 学力が不安なら、１年生から適性検査の対策を！

「学力に自信がない。SPIなどの適性検査に通る自信がない」という学生は、２年生から適性検査の対策を始めるとよい。なんなら、１年生から始めてもよい。

大学１年生から問題集をやり、SPIや玉手箱などの適性検査が確実に通過できるようになっていれば、それは超強力な武器だ。

 ## SPIも玉手箱も、分量が多く、制限時間が短い！

SPIも玉手箱も大半が中学レベルの内容だ。ただし、**やたらと分量が多く、その割に制限時間が短い**。学力が高い人も慣れていないと、手間取って点数が取れない。有名大学の学生が油断して対策を一切しなかったため、SPIなどで落ちるということはよくある。

逆に、**学力に自信がない学生でも、中学レベルの問題が中心なので、問題集をやりこんで慣れてさえいれば、点数が取れるようになる**。

一般常識や時事の問題集を購入したけど、一般常識や時事が出題されるのはマスコミ業界くらいでした。
学生が対策すべきは、SPIや玉手箱でした。
一般常識の問題集をやっても、SPIや玉手箱の対策にはならなかったです。

志望先のテストを調べておくと効率的に対策できます。

■ SPI の例題

【『これが本当の SPI3 だ！』（SPI ノートの会編著　講談社刊）より】

> 　ある会社で希望者を募り、美術館に行くことになった。美術館の入館料は1人あたり600円であるが、30人を超す団体の場合、30人を超えた分については1人あたり400円になる。
>
> (1) 美術館に46人で行く場合、入館料は総額でいくらになるか。
>
> | | | | |
> |---|---|---|---|
> | A | 11600円 | F | 24400円 |
> | B | 14800円 | G | 27600円 |
> | C | 18000円 | H | 30800円 |
> | D | 18400円 | I | 34000円 |
> | E | 21600円 | J | Aから I のいずれでもない |
>
> (2) 入館料の総額を美術館に行く人数で割り、各人が同じ金額を支払うようにする場合、1人あたり550円支払うことになるのは何人で行くときか。
>
> | | | | |
> |---|---|---|---|
> | A | 25人 | F | 50人 |
> | B | 30人 | G | 55人 |
> | C | 35人 | H | 60人 |
> | D | 40人 | I | 65人 |
> | E | 45人 | J | Aから I のいずれでもない |

■玉手箱の例題

【『これが本当の Web テストだ！　①』（SPI ノートの会編著　講談社刊）より】

> 図表を見て次の問いに答えなさい。
>
> **【国内ベンチャーキャピタルにおける投資件数・投資額推移】**
>
>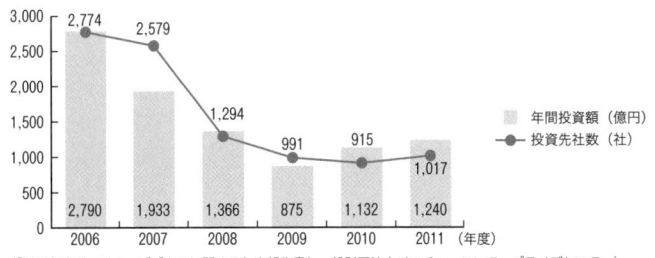
>
> （『2012年度ベンチャービジネスに関する年次報告書』一般財団法人ベンチャーエンタープライズセンター）
>
> 2006年度から2007年度の年間投資額の減少率は、2008年度から2009年度の減少率のおよそ何倍か。最も近いものを、以下の選択肢の中から1つ選びなさい。
>
> ○　0.31倍
> ○　0.44倍
> ○　0.85倍
> ○　1.08倍
> ○　1.30倍

4章　面接通過したいなら、SPI 対策！

適性検査で高得点だと、面接が有利に！

適性検査が高得点だと、面接の難易度が下がる！

適性検査の結果は、面接の資料として使われる！

大手・中堅企業では、SPI、玉手箱などの適性検査を必ず受けさせられる。小規模の企業でも、きちんと採用しようという所は必ず適性検査を実施する。

「じゃあ、適性検査はボーダーラインぎりぎりの通過を目指すよ」と言う学生もいるが、それは得策ではない。

適性検査の結果は面接で資料として使われる。

面接官は学生の履歴書やエントリーシートとともに、適性検査の結果を手元に置いて面接を始める。

適性検査で高得点を取れば、面接が有利になる！

適性検査において能力検査の点数がボーダーラインぎりぎりだと、面接の難易度が高くなってしまう。

というのも、「この学生はあんまり優秀じゃないな。本当にうちの会社でやってけるかな……厳しい質問をして、厳しくチェックしてやろう」と面接官は考えるからだ。

逆に、適性検査が高得点だと面接の難易度が下がる。「この学生はすごく優秀だな。こんな優秀な学生は落とすわけにはいかない。あたりさわりのない質問をして、次の面接に進めよう」と面接官は考えるからだ。

また、性格検査の結果がその企業に合致していれば、面接官に与える印象はプラスになるし、合致していなければ印象はマイナスになる。

解説のわかりやすい問題集を使うとよい！

　採用選考でよく使われる SPI や玉手箱では、特別な公式を覚える問題は出ない。だいたいが中学レベルの知識で解ける程度の問題だ。出題範囲もごく限られている。

　適性検査の対策は、とにかく解説のわかりやすい問題集を使うことだ。

　解説のわかりづらい問題集を使うと何倍も余計な時間がかかってしまうし、途中で挫折することもある。解説のわかりやすい問題集だと、ストレスなく読み進めることができ、短時間で解法を身につけることができる。

　解説のわかりやすい問題集としては、「SPI ノートの会」シリーズ（講談社刊）がオススメだ。

　普通の大学生であれば、適切な問題集で 1 ～ 2 ヵ月集中して対策すれば、高得点を取れるようになる。

　苦手な人ほど早めに取り掛かることだ。国数がものすごく苦手な学生は、大学 1 年生になったらすぐに、SPI や玉手箱の問題集を買って、対策を始めよう。

就活にはパソコンが必須！

　Web テストはスマホでは受検できないものが多い。パソコンを持っていなかった学生も、就活対策を機に安いノート PC でよいので購入しよう。Web カメラ付き Windows の PC がよいだろう。

　Windows OS を搭載し、キーボードもついたタブレット PC[※] もあるので、なるべく重たい荷物を持ちたくない人はタブレット PC にするのも手だ。

　就活では頻繁に Web テストを受け、多くのエントリーシートを入力し、Web インターンや Web 会社説明会に参加し、Web 面接も受けるので、パソコンは必須だ。

　※ iPad のようなタブレット端末に、Windows などの OS が入ったパソコン。

不正ができない、監視型 Web テスト登場！

不正防止のため、適性検査は 2 回実施される！

 ## 監視型 Web テスト登場！ 不正をしたら命取り！

自宅のパソコンで受検する Web テストの場合、時々、替え玉受検などの不正をしようとする者がいる。

そうした不正をしていた業者が2022年11月に摘発され、懲役 2 年 6 ヵ月、執行猶予 4 年の有罪判決が出た。依頼した大学生数名も書類送検され、内定も取り消しになった。

現在では、Web カメラで監視された状態で受検する「監視型 Web テスト」が強固な不正防止策を設けているので、Web テストでの不正はできない。

不正をしてバレた場合は、選考打ち切り・内定取り消しとなるので、不正のリスクは非常に大きい。Web テストの不正は決してすべきではない。

また、大学から停学・退学といった処分をされることもある。

 ## 適性検査は 2 回実施される！

監視型 Web テストは値が張るため、大量の学生が受ける初期段階では監視型ではない Web テストを実施する企業もある。

そこで、企業は最終面接前にペーパーテストで同じタイプの適性検査を再度実施することが多い。Web テストで不正した者が仮にいたとしたら、監視員付きのペーパーテストで落とすのだ。

監視型 Web テストの場合でも、念のため、最終面接前にペーパーテストを実施する企業もあるようだ。

監視型 Web テストのために、部屋の模様替え！

監視型 Web テストの中には「部屋の四方には何もないように。本棚やポスターが見える状態はダメ。窓は無地のカーテンをしなくてはダメ」という指示をするものがある。

窓から第三者がテスト画面を見てカンニングを手伝ったり、本棚やポスターにカンニングペーパーを仕込んだりしないようにと考えているのだ。

壁のポスターを外し、部屋の本棚などを一ヵ所にまとめたうえで白いカーテンで隠すなどし、なるべく白い壁を増やし、白いカーテンでおおった部分を増やすような部屋の模様替えを早めにした方がよい。

部屋をすっきりさせることは、Web 面接の準備にもなる。

しかし、部屋の四方を何もないようにするのは難しいこともあるだろう。そうした場合に役に立つのがパーテーションだ。Amazon などで探してみるとよいだろう。

たとえば、「yamapac」のダンボールフロアパーテーションは、約3000円の段ボール製で幅100cm、高さ150cm の組み立て式だよ。

「グリーン＆ゴールド」の4連ローパーテーションは、約8000円で高さ179.5cm、幅44.5cm の板が4枚連結されている。これ1つで2面をカバーすることができるよ。Amazon などで探してみて。

4章のまとめ

面接は本番を数多くこなすほど上手になる。インターンの選考では Web テストの後、面接が実施されることが多い。インターンの Web テストに通過し、早くから面接を経験すれば、それだけ面接が上達する。

しかし、10社エントリーして、Web テストで毎回落ちれば、面接を1回も受けないことになる。それでは、いつまでたっても面接が下手なままだ。

インターンで10社エントリーして、Web テストで毎回通過すれば、面接を10回受けることになる。
そうすれば、確実に面接が上手になるね。百戦錬磨だ〜!!

5章

この資格で、面接が有利になる！

就活で役立つ資格は実は限られている！

「資格があると就活に有利だ」と聞きます。
秘書検定を取得しようと思うのですが……

残念だが、秘書検定を持っていても就職で有利に
なることはほぼない。
就活に役立つ資格は限られている。
TOEIC などの英語の資格と自動車免許は幅広い
業界で有利になるぞ。

就活のために資格を取ろうとする学生が多いが、
実は有利になる資格は限られている。効果のある
資格と、その効果的なアピール方法を教えよう。

就活が有利になる資格を取ろう！

TOEIC と自動車免許は幅広い業界で有利になる！

就活に有利になる資格は TOEIC と自動車免許！

「資格があると就活に有利」などと書いてあるポスターを大学生協で見かける。

就職に役立つだろうと、秘書検定を取得しようとする人もいるが、秘書検定を持っていても就職で有利になることはほぼない。

本当に就活に有利になる資格は限られている。TOEIC などの英語の資格と自動車免許は幅広い業界で有利になる。

エントリーシートには TOEIC のスコアを記入する欄と、自動車免許の有無や運転頻度を聞く欄がたいていある。

そのくらい TOEIC と自動車免許は就活では有利に働くのだ。

TOEIC はビジネスでの英語能力を測定！

英語の資格として、英検や TOEFL などもあるが、採用では TOEIC を重視する企業が多い。

英検は日本の中学から大学までの入試における内申点の加点や試験免除に使われている。英検は有効期限がない。

TOEFL は英語圏への留学生向けのテストである。

TOEIC は英語での仕事場面におけるコミュニケーション能力を測る。TOEIC では経済関係の言葉やビジネス関連の単語などが多く使われている。そのため、採用での英語資格としては TOEIC を重視する企業が多く、その次に TOEFL だ。英検は採用においてはあまり役に立たない。

TOEICは800点以上を目指す！

　TOEICのスコアは650点以上なら履歴書などに書いてアピールの材料にはなる。商社のように英語を使う仕事の場合、TOEICのスコアが低いと面接までたどりつけないこともある。大手総合商社の場合、TOEIC800点以上は必要だ。

TOEIC勉強法！

　まずは、**大学に入学してすぐにTOEICを受ける**。ひどいスコアを取るかもしれないが、入学時点のスコアを知っておくことに意味がある。

　その後は**公式問題集を中心に使って勉強**し、**半年に1回のペースでTOEICを受ける**。半年間勉強すると、確実にスコアが上がっている。

　そうすると、やる気が上がってくるし、**どのくらいの学習量でどの程度スコアが上がるかがわかる**。「今の勉強量で順調にいけば、3年生の夏頃には目標のスコアを取れそうだ」とか「3年生の夏頃に目標のスコアを取るためには、今の1.5～2倍の勉強量が必要そうだ」などと次の勉強の方針も定まる。

　半年おきにTOEICを受けると、だれずに勉強を続けることができる。1年後だと、だれてしまう人が多いようだ。4ヵ月間隔や3ヵ月間隔などもっとこまめに受験したほうが勉強のペースがつかめるのであれば、そうすべきだ。

> TOEFLは有効期限2年間だが、TOEICと英検は有効期限がない。
> しかし、あまりにも前の取得だと企業に好まれない。
> TOEICは2年以内のスコアを履歴書などに書くようにしよう。できれば1年以内が好ましい。
> TOEIC公式認定証のコピーの提出を求める企業もある。
> TOEICは、試験日から2年以内に限り、公式認定証の再発行が可能だ。

意外と有効性が高い自動車免許！

自動車免許がないと門前払いという職種もある！

 ## 車を使う営業職は、自動車免許は必須！

最近は、若者の自動車離れで、自動車免許を取得していない者が増えている。自動車免許がない者は営業職としては実質、門前払いという企業もある。

自動車免許は車を使う営業職だと必須だ。顧客に見せるため大量のパンフレットや見本を持って行くので、電車での移動は無理で、どうしても車を使うことになるからだ。製薬業界の MR 職などはその代表だ。

不動産業界はお客さんを車に乗せて物件を回ったりするので、自動車免許は必須だ。

地方都市だと自動車以外の移動手段がないという場合もあり、自動車免許があると、思った以上に就活で有利になる。

車を使う営業職だと、自動車免許を持っていない、または、ペーパードライバーだと、選考で不利になることがある。[※1]

このように、自動車免許を持っていることは有利に働くのだ。

最近では、営業のための車はたいてい AT 車[※2]なので、AT 限定でよいので自動車免許は取得しておこう。車を所有していない場合は、月に 1 回くらいはレンタカーを借りて、どこかへ遊びに行き、運転に慣れておくといい。

※1： 他の点が非常に優秀だと、入社までに自動車免許を取得することを条件に内定がもらえることがある。しかし、卒論などがある中で、大学 4 年生で自動車免許を取得する時間を捻出するのはかなり大変だ。

※2： オートマ車。自動でギアチェンジを行ってくれるオートマチックトランスミッションを搭載している車。

自動車メーカー、カーディーラーは免許必須！

　自動車メーカー、カーディーラーに就職するには自動車免許は必須と思った方がよい。お客さんの車や試乗車を実際に運転する場面が多いので、自動車免許を持っていないと現実的に働くのは難しい。

　早い時期に免許を取得しており、頻繁に運転しているという学生であれば、自動車メーカーやカーディーラーの面接官は自社への志望度が高そうだと思うだろう。

　逆に、自動車免許を持っていない学生が、自動車メーカーやカーディーラーの面接に来たら、本気で志望しているわけではなく、ただの練習台として来たのかと思われて、落とされる可能性が高い。

　自動車メーカー、カーディーラーでは、AT車だけでなく、MT車^(※)も扱う。よって、MT車も扱える自動車免許を取得しておくとよい。

※マニュアル車。ギアチェンジを運転者自身が手動で行うマニュアルトランスミッションを搭載している車。

営業職は自動車免許を持ってないとね。
地方都市は自動車以外の移動手段がないこともあるわ。
ペーパードライバーよりも、時々、運転して慣れておくほうがいいよ。

5章　この資格で、面接が有利になる！

資格が不要な職種・企業も多い！

資格より、適性検査・面接の対策をすべきことも！

自動車免許は取得予定でも履歴書に書ける！

できれば、高校を卒業した後や高校の2月の自由登校中から、大学入学前までの時間のあるうちに自動車免許を取得するのがよい。または、大学1年生の夏休みなどに取得するとよい。

インターンや本選考で忙しくなる大学3・4年生だと自動車免許を取得する時間がなかなかとれないので、大学2年までに取得した方がよい。

大学3・4年生で取得する場合は、**自動車学校に通い出したら、履歴書やエントリーシートに「●年●月に自動車免許を取得予定」と書いてもよい**。それだけでも、自動車免許が必須な企業の場合、だいぶ有利になる。

資格があれば、即内定が出るわけではない！

資格さえあれば面接も通り、内定も出るというわけではない。その点は、誤解しないでほしい。

また、**職種や企業によっては、必要な資格は一切ないということも多い。そういう職種や企業を志望する場合は、資格を取る必要はまったくない。**

どの職種につくのか、どの業界を志望しているのかもはっきりしない状態で、資格取得をしようとすると、時間の無駄で終わることもある。

志望する職種や業界を早めに決め、その仕事に必要な資格があるのかないのかを調べた後で、資格取得をするかどうかを考えた方がよい。

もし、志望する職種や業界で必要な資格はないとわかれば、資格は取らなくてよい。その時間を適性検査や面接の対策に費やした方がよい。

即内定ではないが、資格で有利になることは多い！

　TOEIC900点であろうと、資格があれば内定が必ず出るというものではない。しかし、資格があることで、有利になることはある。

　その職種や企業に必須の資格というわけではなくても、**優れた資格は面接官に**「**優秀な学生だ。面接を通過させよう**」という印象を与えることができる。

　また、**資格を取るための努力をガクチカや自己 PR のネタにすることもできる。**
資格を取る過程でチームワークのネタを作ることもできる。たとえば、何にもサークルに入っていないし、アルバイトもしていない学生は、面接で「チームワークを発揮した経験を教えてください」と言われても、言うネタがなくて困る。しかし、TOEIC 勉強のサークルなどは 2・3 年生など途中からでも入りやすいので、入ることでチームワークのネタにもなるし、仲間がいることで、途中で挫折することなく学習を進めることもできる。

取得しやすい資格も、並べると輝く！

持っている資格は履歴書などに全部書こう！

取得しやすい資格も数あると輝いて見える！

「TOEIC が600点しかないので、履歴書に書かない方がよいですか？」と質問する学生がいるが、多少低いスコアでも履歴書やエントリーシートに書こう。

また、持っている資格が「取得しやすくて、わざわざ書くほどではない」と思っても、持っている資格は全部書こう。

TOEIC が600点しかないという学生はそんなに輝いて見えない。しかし、それほど高くないスコア、取得しやすい資格も列挙すると輝いて見えることがある。

たとえば、「TOEIC600点、ハングル検定4級、中国語は日常会話ができて中国語検定4級を取得予定。海外旅行が趣味で、旅行する国の日常会話はすぐに習得できるのがちょっとした特技」とでも書くと、かなり輝いて見える。

面接でも「英語圏以外も旅行したくて、いろいろな言語を使っていました」などと言えば、「そうか。英語が不得意なわけではないのか。英語も集中的にやれば、すぐに上達しそうだな。インバウンドで中国や韓国の観光客もこれから増えるから、こういう人を採用してもよいかも」と面接官は思ってくれる。

おまけにまだ取得していない資格も「取得予定」とか「取得のため勉強中」と言えば、「ある程度話せる」「勉強熱心」という印象を与えることができる。

比較的取りやすいハングル能力検定！

ハングル検定は、1・2級以外は日本語で出題されるテストなので、取得しやすい資格だ。ハングル検定は有効期限がないので、一度取れば、ずっと有効だ。

中国語の検定は複数ある！ どれにするか考える！

　中国語の検定は、日本の資格である「中国語検定試験」、中国の資格である「HSK（漢語水平考試）」、台湾の資格である「TOCFL（華語文能力測験）」がある。

　台湾と中国では使われている漢字も違う。台湾では「繁体字」という漢字が使われ、中国では「簡体字」という漢字が使われている。

　日本の資格である「中国語検定試験」では、中国の漢字「簡体字」で実施されている。

　「中国語検定試験」は日本語と中国語の相互能力が求められる検定で、日本企業で活躍する人向けだ。試験では、日本語と中国語の相互の翻訳能力が求められる。

　「HSK」は中国語のコミュニケーション能力を測定する試験だ。中国に留学する人や中国で働く人向けだ。試験は中国語のみだ。リスニングに比重が置かれている。

　「TOCFL」は台湾で使われている中国語のコミュニケーション能力を測定する試験だ。台湾に留学する人や台湾で働く人向けだ。台湾で使われている中国語のみで試験は実施される。

　自分が中国とビジネスをする企業に勤めるのか、台湾とビジネスをする企業に勤めるのかなどを考えて、どの資格を取るのかを決めるとよい。

5章 この資格で、面接が有利になる！

> 「車」「円」「国」は
> 中国の漢字「簡体字」だと、
> ## 「车」「圆」「国」
> と書くよ。
> 「国」は日本と同じだね。

> 「車」「円」「国」は
> 台湾の漢字「繁体字」だと、
> ## 「車」「圓」「國」
> と書くよ。
> 「車」は日本と同じだね。

資格や検定で、人柄や面白みを伝える！

ネットを使って無料で取得できる資格・検定もある！

 趣味の分野で資格を取ると人柄が伝わる！

就活で有利かとは別に、やりたい趣味などで資格・検定を取りたいなら、それは結構なことだ。そういった資格・検定が意外と面接官にウケることもある。

履歴書やエントリーシートに趣味の延長線で取った資格やシャレで取った資格を書くと、面接が盛り上がるし、人柄や面白みが伝わる。

面接は「その企業に必要な能力」があることを説明するのも大事だが、人柄を伝えることも重要なことはすでに解説したとおりだ。

歴史や地理が趣味で「歴史能力検定」や「旅行地理検定」を取得し、犬や猫が好きなので「愛犬飼育スペシャリスト」や「ねこ検定」を取得し、履歴書などに書くのもよい。

インターネットを使い、無料で取得できる、お手軽な資格や検定も多い。

例えば、牡蠣が好きなら、「ジュニアオイスターマイスター」という資格がある。オンラインで受験可能な資格だ。オンライン検定試験がそのままテキストとなっている。もちろん**無料で、30分程度で取得できる。**履歴書の資格の欄に「ジュニアオイスターマイスター」と書いてあれば、何だかカッコイイ。

面接官が「これどんな資格ですか？」と聞いてきたら、「牡蠣を楽しく美味しく食べるための知識があることを証明する資格です。例えば、こんな豆知識があります。実は、フランスでは1970年代に、牡蠣が病気にかかり、全滅しかけたことがあったのです。そこで、日本のマガキがフランスに送られ交配し養殖されるようになり、フランスを救いました。今ではフランスの牡蠣の99％が日本のマガキの子孫なのです」とでも答えれば、ちょっと知的な印象を与えることができる。

手軽だけど、実際に役立つ資格も多い！

　簡単に取れる資格はいくらでもある。中には、実際の生活で役立つ資格も多い。

　消防署で３時間講習を受けると、「**普通救命講習修了証**」というのがもらえる。

　心肺蘇生法、AED の使用、気道異物の除去法、出血時の止血法などを学ぶことができ、なんと**無料**だ。

　近くにいた人が倒れた時、この知識を使えば助けることができる。

　これを履歴書やエントリーシートの資格の欄に書いておく。

　面接官が「これどんな資格ですか？」と聞いてきたら、「心肺蘇生法などを学んで得られる資格です。もしも、社長さんが私の目の前で倒れたら、すかさず、ぶちゅっと人工呼吸をして助けることができます」とでも答えれば笑いがとれる。

　そんな冗談はさておき、「普通救命講習」の場合、人を助けたいという人柄を示すことができる。これも面接ではプラスの評価につながる。

　資格によって、あなたの人柄や面白みを伝えることもできるのだ。

高齢の祖父母と一緒に住んでいたり、年の離れた幼児の弟・妹がいたりすれば、気道異物の除去法、出血時の止血法、などは使う可能性は大いにある。

飲食店の隣のテーブルにいた幼児が、アメをのどに詰まらせたのを助けた経験が私自身ある。
その親御さんに大変感謝された。

5章のまとめ

就活に役立つ資格は限られている。
TOEICなどの英語の資格と自動車免許は幅広い業界で有利になる。

しかし、職種や企業によっては、必要な資格は一切ないということも多い。そういう場合は、資格を取る必要はまったくない。
その時間を適性検査や面接の対策に費やしたほうがよい。

そういったこととは別に、やりたい趣味などで資格を取りたいなら、それは結構なことだ。

資格によって、自分の人柄や面白みを伝えることもできるのですよね。
映画で見たバイクのアクションがかっこよかったので、私はバイクの免許をとることにしました。私のチャレンジ精神が伝わるかも〜

6章

明るく元気な
話し方になる！

バイトで、コミュニケーション能力を
向上させる！

普通の大学生が、コミュニケーション能力に自信が
ないのは当たり前。
そんな学生は接客業のアルバイトをしよう。
特に、大手ファーストフード・チェーン店のバイト
がオススメだ。
この章ではコミュニケーション能力の向上法を紹介
する。

い、い、い、
いらっしゃいませ。

チーズバーガーと
アイスコーヒー
ください。

明るく元気な話し方は面接の強力な武器！

暗い話し方では、有名大学でも面接に落ちてしまう！

真面目に受験勉強をした者に、会話下手が多い！

「明るく元気な話し方」は面接の強力な武器になる。

「明るく元気な話し方」ができないと、どんな有名大学の学生でも面接に失敗する。

　そもそも、**真面目に大学受験をした者ほどコミュニケーション能力が未熟なことが多い。**

　天才型で、友達と遊びもいっぱいして、部活動やスポーツも楽しんで、それでも偏差値の高い大学に入りましたという場合は、コミュニケーション能力が高いので、面接でも大丈夫だろう。

　しかし、秀才型で、長年ずっと真面目に勉強をし、同級生と極力会話もせず、同級生と遊びに行ったりもせず、使える時間のほぼすべてを勉強に集中して、難関大学に合格した人は、コミュニケーション能力が未熟になってしまう。

　大学に入ってからも、どうやって会話をすればいいのか、どうやって友達をつくればいいのかわからないまま数年が過ぎ、コミュニケーション能力が未熟なまま就活に突入してしまう学生が結構いる。

　しかし、**適切な訓練をすれば、コミュニケーション能力を高めることができる。**

難関大学の学生で、勉強はできるのだが、コミュニケーション能力が低すぎる！面接中、まともに話せず、ずっと震えている……不合格！

家庭教師では会話力が磨かれにくい？

　偏差値の高い大学の学生は、時給が高い家庭教師や塾講師のバイトを選ぶことが多い。しかし、コミュニケーション能力が低い秀才型の学生が、家庭教師や塾講師のバイトをしては、コミュニケーション能力はあまり高められないことが多い。

　家庭教師の場合は、自分よりも年下の小中高生に、自分の得意領域の勉強を教えればよいだけなので、コミュニケーションで特別な苦労はいらない。
　もちろん、密な関係構築が必要なので、コミュニケーション能力が磨かれる可能性もあるが、自力でどこまで磨けるかは人によるだろう。

塾講師は家庭教師よりは会話力が磨かれるかも？

　塾講師の場合は、塾の社員とやりとりすることもあるが、話す内容は五教科に限定されていることが多いので、やはりコミュニケーションでそれほど苦労はいらない。とはいえ、集団講義であれば、教室にいる生徒全員に聞こえるように大きな声でわかりやすく話すことを心がけなくてはいけないので、話し方に関しては、塾講師はある程度鍛えることができるかもしれない。また、生徒のことを理解するという力を身につけることもできるかもしれない。

　しかし、塾によって方針などが大きく異なるので、コミュニケーション能力を高めるには適さない塾も少なくない。
　バイト講師は生徒が質問をしに来たら答える役割だけという塾も多い。こうした塾ではコミュニケーション能力は限定的にしか高められないかもしれない。個別指導塾もやはりコミュニケーション能力は限定的にしか高められないだろう。
　よって、家庭教師や塾講師では、コミュニケーション能力をあまり高められないことが多い。ただし、どんなバイトもやらないよりは、やった方がコミュニケーション能力は高められる。

明るく元気な話し方は身につけられる！

能力よりも明るさ・元気さを重視する企業も多い！

明るさ・元気さは武器になる！

　はっきり言って、有名大学の学生であれば、面接で多少暗い話し方をしても、その内容がしっかりしていれば、面接通過となることはある。「真面目なのだな。多少の暗さは仕方がない。入社してから、そのへんは鍛えよう」と面接官は考えるのだ（あまりに暗すぎるとさすがに落ちる。また、同じくらい優秀な学生が2人いれば、明るく元気な方を通過させる）。

　ところが、普通の学生の場合、それほど素晴らしい話もできず、面接で暗い話し方であれば、間違いなく落とされてしまう。

　明るく元気な話し方さえできていれば、それほどでもない内容の話でも、面接は通過することがある。

　能力よりも、明るさ・元気さなどを重視して採用する企業もけっこう多いからだ。

　強力な武器になる、明るく元気な話し方を身につけてほしい。

明るく元気な話し方は短期間で身につく！

　リーダーシップや論理的思考力のような能力は身につけるのに時間がかかるし、人によってはいくら時間をかけても身につかないことがある。

　しかし、**明るく元気な話し方は、たいていの人は訓練をすれば、わりと短期間で身につけることができる。**

　本質的に、明るく元気な人になるわけではない。

　あくまで、お客さんや面接官のような特定の人に、仕事の場だけで、表面上、明るく元気な話し方ができるようになるだけだ。これはたいていの人はできる。

明るく元気なあいさつで、面接は半分成功！

「面接官は学生が部屋に入ってきて5秒で、良い人材かどうかがわかる」ということはよく聞く。

これは実際に優秀かどうかを判断できているわけではない。「明らかにダメな人材は部屋に入ってきて5秒でわかる」ということだ。

入ってきた時に、こわばった表情の学生。あいさつも暗く小さな声。

この時点で面接官は「コミュニケーション能力が低いな。うちの会社でやっていけない」と考える。いったん、そう考えると、ひっくり返すのは難しい。

何か素晴らしい能力・実績をアピールしても、面接官は「でも、コミュニケーション能力が低いよね」と評価は低いままで終わり、不合格とする。

一方、入ってきた時に、にこやかな笑顔の学生。あいさつも明るく元気な声。

この時点で面接官は「コミュニケーション能力が高そうだな。うちの会社に欲しいな」と考える。そのあと、よほど大きなミスをしなければ、その評価は面接が終わるまで続く。

平凡な能力・実績しかアピールできなくても、面接官は「特別、優秀なわけではないが、コミュニケーション能力が高く、配属先で仲良くやれそうだし、お客さんにも好かれそうだ」と評価し、合格とする。

面接官は学生を5秒で判断する。

学生の、こわばった表情・暗く小さな声のあいさつ

↓

面接官は5秒で、「コミュニケーション能力が低い学生」と判断

↓

面接官がいったん、そう考えると、ひっくり返すのは難しい！

接客バイトで、明るく元気な話し方を！

ファーストフード・チェーンは確実に接客上手になる！

接客バイトで、明るく元気な話し方を身につける！

明るく元気な話し方を身につける簡単な方法は接客のバイトをすることだ。

明るく元気な声で「いらっしゃいませ！」「ありがとうございました！」とあいさつする接客のバイトに入れば、もとは声の小さいタイプでも、いつのまにか明るく元気な声であいさつできるようになる。

「大きな声であいさつなんて無理！」という人も、真面目に接客のバイトを続けると、いつのまにかできるようになる。続けることが重要だ。

お客さんからの要望に応えたりしているうちに、対応力も高まっていく。

一番手軽なのは、大手のファーストフード・チェーン店の、マクドナルドやロッテリアなどだ。大手のファーストフード・チェーン店ではバイトの教育のためのマニュアルやシステムが整っており、誰でも短期間で、よい接客ができるようになる。

たいてい最初に動画を見ながら先輩社員から研修を受ける。専用のアプリを使い、自分のスマホで研修動画は何度でも見ることができ、家でも復習できるようになっている。覚えが悪いという人でも大丈夫だ。

ファミレスも同様によいだろう。

接客業なら何でもよいわけではない！

チェーン店でも牛丼屋などの場合は、明るい笑顔で元気な接客というわけでもないので、コミュニケーション能力を高めるにはあまり適さないかもしれない。

同じく、コンビニエンスストアもコミュニケーション能力を高めるにはあまり適さないかもしれない。

明るく元気な接客に定評のある店でバイトをしよう！

コーヒーチェーン店のスターバックスはコミュニケーション能力を高めるには適する。ただし、スターバックスはバイトの面接で落ちることが結構ある。もともと、ある程度明るく元気でコミュニケーション能力がある人をスターバックスは採用している。

その点、マクドナルドやロッテリアなどはバイトの面接で落ちることがあまりない。多少、暗くても大丈夫。真面目にバイトに行っていれば、徐々に明るく元気にあいさつできるようになり、コミュニケーション能力も高くなっていく。

とはいえ、同じマクドナルドでも店舗によっては、雰囲気に結構差があったりする。店長やマネージャーがいまいちだと、店の雰囲気が悪かったりする。そういった店は避けよう。店員同士のやり取りが見える席に座って小一時間ほど眺めてみて、店長らしい人物がやたら怒鳴っていたりすれば、別の店舗にしよう。

万が一、バイトに入った店の雰囲気が悪ければ、迷惑のかからない範囲で早めにその店は辞めて、違う店舗でバイトし直そう。

チェーン店ではなくても明るく元気な接客をする店はある。そういう店でバイトするのもよいだろう。

もちろん、牛丼屋でもコンビニでも接客はある程度は身につく。バイトは何もやらないよりは、やった方が絶対によい。

近所のカフェでバイトすることにしました。
チェーン店ではないけど、接客が明るくて丁寧。
明るい笑顔でおでむかえします～

笑顔で話せば、面接の説得力が増す！

笑顔での会話と敬語を身につけ、面接上手になる！

笑顔は、面接で最高の武器になる！

面接で「私の長所はコミュニケーション能力の高さです」などと立派なことを言っても、ひきつった表情では説得力ゼロだ。

同じことでも笑顔で言えれば、説得力が増す。

自然な笑顔は好感度を上げる最高の武器だ。**笑顔で面接に臨めば、その笑顔が自らの緊張を和らげてくれる。**

面接で緊張した時、難しい質問をされた時に、笑顔を保ち続けられるようにしたい。

普段の生活でも、笑顔での会話を身につけられる！

笑顔も慣れだ。たとえば、接客のバイトをすることで、笑顔での会話を身につけることができる。また、普段の生活で意識することでも、笑顔での会話はある程度身につけることができる。

まずはストレスが何もない状態で笑顔を保つ練習から始める。

たとえば、「1時限目の授業中はずっと笑顔でいよう」などと時間を区切ってまずは始めよう。そうして、笑顔の時間をだんだんのばしていく。

笑顔での会話、敬語はバイトでも身につけることができるけど、普段の生活でも身につけられる。
親や大学の教授に敬語を使い、笑顔で会話をしてみよう。それこそ最高の面接対策になる。

笑顔の練習はストレスのある中でやる！

　笑顔でいたくない相手の前でも笑顔を保つ練習をしよう。一人暮らしなら、「バイト中はずっと笑顔でいよう。イヤな客やイヤな上司の前でも笑顔でいよう」「サークル中は笑顔でいよう。後輩にはいつも怒ってばかりいるけど、笑顔で丁寧な指導をしよう」といったように練習するとよいだろう。

　実家に住んでいるなら、親・兄弟と笑顔で会話することだ。たいていの人はわざわざ親の前で笑顔を保つのはなかなかつらい。しかし、就活では親に金銭的な支援を頼むことも多いので、笑顔で親と接すれば、親の機嫌も良くなり、親からの支援も受けやすくなるというものだ。

敬語に慣れる方法！

　面接においては敬語も重要だ。

　実家に住んでいるならまずは家庭での言動から改めよう。

　朝起きたら、家族に「おはよう」と大きな声であいさつする。「いただきます」「ありがとう」「いってきます」などもきちんと言う。できれば、親に敬語で話す。

　間違った敬語はその都度、直してもらうとよい。親は無料で使えるマナー講師だ。(※)

　「今まで、親とは敬語で話してなかったから、恥ずかしいよ」と思うだろう。

　そんな場合は、「大学に入ったので、これからはお父さん・お母さんに敬語で話すようにします」と親に宣言すればよいだろう。または、「就活の準備に入るので、これからは敬語の練習も兼ねてお父さん・お母さんに敬語で話すようにします」と宣言すればいい。就活のためと割り切りやすくなる。

　大学でも同様に敬語の練習ができる。教授、講師の人にきちんとあいさつし、敬語で話す。こうした当たり前のことの積み重ねで、敬語を使えるようになる。

※親のマナーや敬語が間違っている場合もある。マナーや敬語に関する書籍を読むのもよいだろう。

6章のまとめ

「明るく元気な話し方」は面接の強力な武器になる。暗い話し方では、どんな難関大学の学生でも面接で落とされる。

コミュニケーション能力を高める簡単な方法は接客のバイトをすることだ。
一番手軽なのは、大手ファーストフード・チェーン店だろう。ファミレスも同様によいだろう。

外向的な方ですけど、高校まではバイトもしてなかったので、接する相手は同級生、学校の先生、塾の先生くらいでした。
接客のバイトをすると、いろんな人と関わるので、コミュ力が高まりますね。

笑顔での会話、敬語は普段の生活でも身につけられる。
親や大学の教授に、敬語を使い、笑顔で会話をしてみよう。それこそ最高の面接対策になる。

7章

スーツをかっこよく着こなす！

スーツは体型をカバーしてくれる！

面接官は、あなたの服装や身だしなみから、あなたがどんな人物かを判断する。かっこよく着こなしたスーツで、プラスの印象を面接官に与えることができる。

御社に貢献したいです。

スーツの着こなしが悪すぎ。不合格。

御社に貢献したいです。

スーツの着こなしがかっこよい。内定！

スーツは体型の欠点をカバーしてくれる！

スーツについて学んでから、スーツを選びに行こう！

スーツの知識を得れば、適切に要望が出せる！

　この章では、スーツなどの着こなしについて説明しよう。**体型の欠点を簡単に
おおいかくせるのがスーツだ。**スーツはサイズが重要だ。紳士服店の店員は、客
の要望に従って裄丈、袖丈などのサイズを調整してくれる。

　つまり、**自分がスーツについて理解できていないと、適切に要望が出せない。**
スーツについて理解するための書籍として、『世界一簡単なスーツ選びの法則』
（MB 著　ポプラ新書）があるので、まず読んでから紳士服店に行ってほしい。
著者の MB 氏の YouTube チャンネル「MB チャンネル」はスーツ選びやビジ
ネスカジュアルの服選びに大変役に立つので、見ておくとよい。

　スーツを試着する時は、男性なら白のワイシャツ、ネクタイ、黒のベルト、黒
の革靴で行くとよい。ズボンはスラックスをはいて行くとよい。

　女性は白のブラウス、黒の革靴で。スカート、パンツどちらでもよい。

就活では濃紺スーツが基本！　スーツは 2 着買う！

　就活だと濃紺スーツが無難だ。男性の場合は、濃紺スーツには基本的に、黒い
革ベルトをつけ、黒い革靴に黒靴下をはく。**スーツに白い靴下をはくのはかっこ
悪いので絶対にやめよう。**

　スーツは 1 万〜 4 万円台の安いもので構わない。その代わり、**スーツは 2 着買
うとよい。**汗をかいて汚れてしまうこともあるし、雨が降ってスーツが翌日使え
ないこともある。汚れてクリーニングに出すと、仕上がるのに 1 〜 2 日かかるの
で、2 着あったほうがよいのだ。1 着だけでは、クリーニングに出すと、面接に
着ていくものがなくなってしまう。また、2 着あれば、日ごとに交換してスーツ
を休ませることができるため、長持ちする。

女性はパンツスーツでもスカートでもかまわない！

女性の場合は、パンツスーツかスカートかで悩むことがあるが、はっきりいってどちらでもよい。「女性のリクルートスーツはスカートのほうがフレッシュに見えて有利だ」とスカートを勧める社会人もいるが、データによる根拠はない。就活における都市伝説だ。

パンツスーツかスカートかで面接官の評価は変わらない。自分に似合っていると思うほうを選べばよい。寒い時期なら、パンツスーツのほうがよいくらいだ。

女性は3〜5cmのヒールのパンプスがよいと言われることが多いが、これも都市伝説だ。黒の革靴であれば、ヒールがなくてもかまわない。

パンツスーツに平靴で就活をしても、大手企業から内定はもらえる。

慣れないパンプスが痛くて、面接に集中できなかったという人は毎年多い。そんな残念なことにはならないでほしい。

雨が多い時期や、雪の多い地方なら、パンツスーツにハーフブーツでもかまわない。カゼをひいて、翌日の面接を休むことのないようにするほうが大事だ。

就活には都市伝説や間違った話が多い。見た目が特によくなるわけでもなく、プラス評価に関わらない都市伝説に振り回されて、面接に集中できなくなることのないように。

スーツの正しい着こなしを覚えれば、飛躍的に見た目はよくなる。スーツは体型の欠点をカバーしてくれるぞ。

スーツのサイズの用語を解説！

　この後のページで解説するスーツの着こなしでは、サイズの用語が出てくる。その用語がどの部分のサイズかわからない時には、この見開きに戻って確認すればよい。

■パンツ

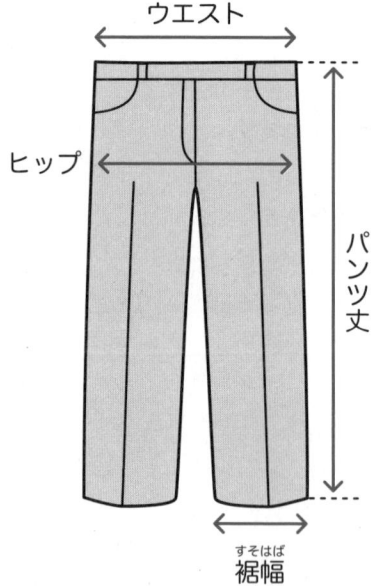

- ●ウエストは、腰の部分のサイズ。
- ●ヒップは、お尻の部分のサイズ。
- ●裾幅は、足が出る裾の部分の長さ。
- ●パンツ丈は、ベルト上端から裾までの長さ。

■ジャケット

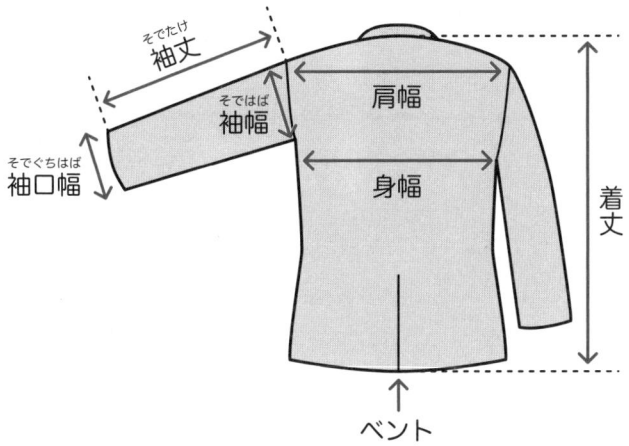

↑ベント

- 袖丈は、肩先から袖口までの長さ。
- 袖幅は、袖の付け根の下から直角に測った長さ。
- 袖口幅は、手を出す袖口の両端間の長さ。
- 肩幅は、肩先から肩先までの長さ。
- 身幅は、両袖の付け根の下の間の長さ。身幅の2倍が胸囲になる。
- 着丈は、後ろ首の付け根から、裾までの長さ。衿は含まない。
- ベントは、ジャケットの裾の切れ込み。

男性をかっこよく見せるスーツ！

かっこよく見せるにはスーツの直しを活用する！

 ジャケットのベントによって、体型をカバー！

スーツは体型の欠点をカバーできる優れものだ。スーツの正しい着こなしを覚えれば、飛躍的に見た目はよくなる。

たとえば、ジャケットのベントによって、体型がカバーできる。ベントとはジャケットの裾（すそ）の切れ込みだ。ベントは何種類かあるが、**就職活動に適するのは、センターベント**（ジャケットの裾（すそ）の中央に1本の切れ込みが入ったデザイン）か、**サイドベンツ**（ジャケットの裾（すそ）の両サイドに各1本ずつ計2本の切れ込みが入ったデザイン）だ。

スポーツをしていた人、太めの人は、お尻が大きいのでセンターベントだとベントが開きっぱなしになり、お尻が見えて、かっこ悪い。**お尻が大きめの人はサイドベンツにすると、お尻が常に隠れ、目立たなくなる。**

ただし、短い着丈のジャケットでサイドベンツにすると、腰の位置でベントが広がりやすくなってしまうので、かっこ悪い。**お尻が大きめの人は、通常の着丈か、やや長めの着丈のジャケットを選ぶとよい。**

ジャケットの通常の着丈は、**お尻の下が隠れるか隠れないかくらいの長さだ。**

お尻の大きさが標準の人は、センターベントにすると、後ろ姿がスッキリする。

小柄でやせている人は、着丈がやや短く、細身のスーツを選び、センターベントを選ぶとバランスがよくなり、背が高く見える。

スーツを選ぶ時は、体型で気になっている点を店員に伝え、それをカバーしてくれるスーツを選んでもらうようにしよう。

男性のスーツには体型に合わせた型がある！

男性のスーツには体型に合わせた型がある。

スリム体型の人に合う「Y体」、標準体型の人に合う「A体」、がっちりした体型の人に合う「AB体」、ゆったりした体型の人に合う「BE体」、大きい体型の人に合う「E体」、とても大きい体型の人に合う「K体」などがある。

まず、自分の体型に合わせた型でスーツを選ぶ。その後に、気になる部分の直しをする。

直しによって体型の欠点はさらにカバーできる！

スーツは部分的に広げたり、詰めたりする直しができる。直しによって、体型の欠点をカバーすることができる。

例えば、やせていて、貧弱に見えそうだと気にしている人は、「身幅詰め」という直しが有効だ。「身幅詰め」は、お腹回りからお尻にかけて細くするので、ボディーラインを強調し、胸板を厚く見せることができる。

小柄だけど筋肉質で、肩幅が広く胸板が厚い人は、肩幅と胸板に合わせたスーツの型になるので、そのままだと袖だけでなく、着丈も長くなりがちだ。その場合、袖・着丈をどちらも短くすることで、バランスが整う。着丈をやや短くすれば、足が長く見え、背も高く見える。

なお、高身長の人や高身長で横幅のある人の場合、短い着丈のジャケットはバランス的に合わないことが多い。こうした人は着丈の長さが通常のジャケットのほうが合う。

脚を長く見せたいなら、スラックスの「裾幅詰め」がオススメだ。スラックスの裾の幅をせまくすることで、裾にかけて徐々に細くなるため、脚が長く見える。

女性をきれいに見せるスーツ！

やせて見えるスーツとは？

 ## 女性のスーツのサイズについて知ろう！

女性のスーツには9号・11号といったサイズ以外に、体型に合わせた型がある。

スリム体型（標準体型よりヒップが4cm小さい体型）の人に合う「Y体」、標準体型の人に合う「A体」、ややふっくらした体型（標準体型よりヒップが4cm大きい体型）の人に合う「AB体」、ふっくらした体型（標準体型よりヒップが8cm大きい体型）の人に合う「B体」などがある。

身長の表示は、158cmくらいの普通（Regular）の身長の「R」、150cmくらいの小さい（Petite）身長の「P」、166cmくらいの高い（Tall）身長の「T」、となっている。

スーツにはこれらの体型・身長などが表示されているので、自分に合ったものを選ぶ参考にしよう。例えば、「9AT」と表示があれば、"9号サイズで、標準体型の人に合う「A体」の型で、背の高い人用のスーツ"ということだ。

女性はベストサイズのスーツならやせて見える！

ふっくらした体型だと、大きめのサイズを選びがちだが、サイズオーバーのスーツはシルエットがだぶつき全体がより大きく見えてしまう。逆に、小さすぎると体のラインが出すぎて、全体が大きく見える。

なるべく細く見せたいなら、ある程度ゆとりのあるサイズを選ぶとよい。パンツスーツでもスカートでも、ジャケットの着丈が短くなりすぎないように選ぶとよい。

ジャケットの通常の着丈は、お尻の下が隠れるか隠れないかくらいの長さだ。

ジャケットの着丈が適度に長いと、お尻が大きい、お腹が出ている、骨盤がはっているのが隠せるので、細く見える。お尻やお腹が気になっている人は着丈が短いジャケットは避けたほうがよい。

「ジャケットは肩幅が合ったものを選ぶ」「ジャケットの着丈はお尻がほぼ隠れる長さ」「スカートの丈はヒザが隠れる長さ」「パンツはピタピタになりすぎない、ブカブカにならないサイズ」の4点を意識してスーツを選ぼう。

スーツ選びはまずジャケットの肩のサイズから合わせていくとよい。女性も男性もジャケットは肩幅が合ったものを選ぶ。肩幅が大きめのジャケットはだらしないシルエットになるので、選ばないようにしよう。

スーツにはちょうどよいサイズがあるので、まずはそれを探すことが重要だ。自分に合った型を選び、必要に応じて、部分的にサイズを直してもらえばよい。

良い店員を見つけるのが最優先！

体型に悩みがあるという場合は、適切なアドバイスをしてくれる店員を見つけるのが第一だ。はっきり言って、**店員によって知識の差は大きい。自分の体型の悩みを伝え、それを解消するスーツはどういったものかを提案してもらう。それを何店舗かでやれば、どの店員が適切な知識を持っているのかがわかってくる。**

女性の体型はスーツでカバー！

きれいに見せるにはスーツの直しを活用する！

 ## 靴を買ってから、スーツを選ぶとよい！

パンツスーツの場合、パンツの丈の長さも難しい。裾(そ)がワイドのパンツの場合、平靴(※) をはくのか、ヒールのパンプスをはくのか、そのヒールは何 cm なのかによってパンツの丈の長さが変わってくる。丈をあまり長くすると、ヒールでないと合わせられない。**女性の場合は、靴を先に買い、その靴をはいてスーツを試着したほうがよい。**

平靴の場合はワイドパンツやロングパンツは合わせづらい。テーパード（裾(そ)に向かって細くなるパンツ）だと、平靴でもはきやすいし、脚が細く見える。またテーパードなら、ヒールでも合う。

足首が太いことを気にする女性は、ややワイドのパンツを足首が隠れるくらいの長さにしてはくと、足首の太さが目立たなくなる。

※本書では、「ヒールが 3 cm よりも低い革靴」のことを、「平靴」と書く。「3 ～ 5 cm のヒールのパンプス」のことを、「ヒール」や「パンプス」と書く。

 ## 肩や腕が気になる女性のスーツの選び方！

スポーツをやっていて肩幅がある、二の腕に筋肉があって太い、ということを気にしている女性は、ジャケットを着ることによって、カバーできる。肩幅・二の腕が気になる人は、ジャケットの肩のサイズはぴったりか、やや小さいサイズにするとよい。また、肩のパットが小さいジャケットを選ぶか、ジャケットのパットを薄いものに変えるなどするのもよい。

小柄なのが気になる女性のスーツの選び方！

　小柄なのが気になるという女性は、着丈のやや短いジャケットを選ぶ、または、直しでジャケットの着丈をやや短くすることで、バランスが良くなり、背が高く見える。

　リクルートスーツは腰のくびれがあまりない形のものが多い。ジャケットのくびれから脚が始まっているように見えるので、くびれがしっかりできるようにジャケットのウエストを詰める直しをするとよい。すると、脚が長く見え、背も高く見える。

　そして、女性の場合はヒールのパンプスがはけるので、無理しない程度に高めのヒールにすればよい。

バストを目立たせたくない女性のスーツの選び方！

「バストを目立たせたくない」という女性もいる。

　バストとウエストにサイズ差のある人はどうしても目立ってしまう。そういう女性は、ジャケットをウエストの細さに合わせすぎずに、ジャケットのウエスト部分にゆとりを持たせるとよい。さらに、ジャケット丈を少し長めにすると、上半身を縦長にスッキリと見せることでバストを目立たなくすることができる。

　そういう型のジャケットを選び、そういう直しをすればよい。

バストを目立たせたい女性のスーツの選び方！

　逆に、「バストをなるべく大きく見せたい」という女性は、バストとウエストにサイズ差をつければよい。

　ジャケットをウエストの細さになるべく合わせ、ウエストのゆとりを減らす。さらに、ジャケット着丈をやや短めにするとよい。

　そういう型のジャケットを選び、そういう直しをすればよい。

LGBT の人のスーツ選び！

女性用スーツでも男性用スーツでも着たい方を着る！

LGBT の人のスーツ選びについて！

　LGBT の人のスーツ選びについて少し述べたい。女性の体でも、自分が男性の見た目で働きたいと思えば、男性用のスーツを着て、ネクタイをして面接に行けばよい。男性の体でも、自分が女性の見た目で働きたいと思えば、女性用のスーツを着て面接に行けばよい。

　大手の紳士服量販店では、男性用スーツは身長150cm くらいから、195cm くらいまで取り扱っている。

　女性用スーツは 1 〜37号くらいまで取り扱っている。37号というと、バスト147cm、ウエスト123〜128cm、ヒップ149〜150cm だ。かなり体格のよい男性の体でも、女性用のスーツに横幅が合うサイズがあるということだ。

小さいサイズ・大きいサイズを買いやすい時期！

　「身長150cm の女性の体だけど、男性用スーツを着たい」とか「身長180cm の男性の体だけど、女性用スーツが着たい」という人はスーツを買う時期が重要だ。LGBT でなくても小柄・大柄の人はスーツを買う時期が重要だ。

　小さいサイズ・大きいサイズのスーツはあまり数を作っていない。販売されて、しばらくすると、売れてしまってなくなる可能性が高い。

　一般的に、春夏物スーツは 2 月〜 8 月に販売され、秋冬物スーツは 8 月〜 2 月に販売される。つまり、小さいサイズ・大きいサイズの春夏物スーツを買うなら 2 月〜 3 月くらいに買いに行くと、在庫があって買いやすい。

　小さいサイズ・大きいサイズの秋冬物スーツを買うなら 8 月〜 9 月くらいに買いに行くと、在庫があって買いやすい。

小さいサイズ・大きいサイズの専門店もある！

　大手の紳士服量販店で取り扱っているサイズよりも小さいサイズ・大きいサイズが欲しければ、今は、非常に小さいサイズ・非常に大きいサイズが、スーツでも靴でもあるので、取り扱っている店を探すとよい。スーツの場合は、「小さいサイズ　スーツ　専門」「大きいサイズ　スーツ　専門」などで検索するとよい。

　ただし、LGBT の人は身長に合うスーツがあっても、男性と女性ではもともとの体つきが違うので、直しをしても合わせきれない可能性があり、ある部分がブカブカになったり、ある部分がきつくなったりするかもしれない。
　ベストなのは、オーダーで作ることだ。体型に合わせたスーツが手に入る。
　LGBT の人に限らず、特徴的な体型の人はオーダーでスーツを作るほうがよい場合が多い。

7章　スーツをかっこよく着こなす！

LGBT の人が就職活動をするなら、『自分らしく働く LGBT の就活・転職の不安が解消する本』（星賢人著　翔泳社）を読んでおくとよいだろう。著者の星賢人氏自身も LGBT で就職活動をした。
LGBT で就職や転職をした人の経験談が豊富に書かれている。
カミングアウトして就活することもできるし、カミングアウトしないで就活することもできることが書かれている。
星賢人氏が代表を務める会社が運営するダイバーシティ採用広報サイト「ジョブレインボー」も見るとよい。LGBT に理解のある企業の募集情報が多数掲載されている。
自分らしく就活し、自分らしく働いてほしい。

意外に高くないオーダースーツ！

特徴的な体型の人はオーダースーツがよい！

 ## オーダースーツには3つある！

　オーダースーツには「パターンオーダー」「イージーオーダー」「フルオーダー」という3つの種類がある。[※] まずは、この違いを解説しよう。

　「パターンオーダー」は、ベースになるスーツサンプルの中から、自分の体型に近いもの試着し、サイズが合わない部分を調整する。着丈や袖丈、パンツ丈など縦のラインの補正の対応が可能だ。

　スポーツをやっていて上半身が非常に大きいけれど下半身は標準サイズとか、自転車やスケートの選手で上半身は標準サイズだけれど下半身が非常に大きいなど、既製品だと上下でサイズが合わない人は「パターンオーダー」がオススメだ。「パターンオーダー」の相場は約3万〜5万円で、2〜3週間程度かかる。

　「イージーオーダー」もパターンオーダーと同じように、スーツサンプルの中から、自分の体型に近いもの試着し、サイズが合わない部分を調整する。パターンオーダーでは、着丈や袖丈、パンツ丈などの縦の補正しかできないが、肩部分などの横の補正ができ、より自分の体型に合わせることができる。肩が通常よりも大きい、なで肩、猫背などにも合わせることができる。「イージーオーダー」の相場は約5万〜10万円で、3〜4週間程度かかる。

　「フルオーダー」はスーツサンプルを使わず、一人ひとりの体型に合わせて一からスーツを作り上げる。20万円以上するので、たぶん就活生が使うことはないだろう。1〜3ヵ月程度かかる。

　※店によって、3種類の定義や内容、価格、納期は違うので、店で詳しく説明を聞くとよい。

オーダースーツを頼むべきか否かの判断の仕方！

　特徴的な体型の場合は、紳士服店で、「既成のスーツの直しをすることで対応できるか？」をまず聞く。

　「既成のスーツの直しでは対応しきれない」という回答があれば、「パターンオーダーで対応できるか？」を聞く。

　それでも対応しきれなければ、「イージーオーダーを使う」という判断をすればよいだろう。

オーダースーツの採寸時の服装！

　オーダースーツの採寸の際は、男性は就活で使うワイシャツ、ネクタイ、ベルト、靴を身につけ、スラックスをはいて店に行くとよいだろう。

　女性の場合も、就活で使うブラウス、靴を身につけていくとよい。スカートでもパンツでもよいが、ストッキングははいていったほうがよい。

　Tシャツなどで採寸するとイメージがわきづらい。また、スニーカーなどでパンツのサイズを合わせると、就活用の靴をはいたときに、長さが合っていないという事態になるかもしれない。

オーダースーツの注意点！

　説明や採寸などで1〜2時間はかかると思った方がよい。

　事前に店に電話をして、オーダースーツを作る予約をしておくと、スムーズだ。

　販売員の人数が少ない店だと、他の客の用事や電話対応などで、ものすごく待たされることがある。販売員の人数が少ない店は使わない方がよいかもしれない。

　納品から3週間くらいはサイズ直しが無料でできるのが一般的だ。できあがったら、店ですぐに着て、時間をかけてサイズをチェックすること。長すぎたり、短すぎたりする部分がないか確認し、直しが必要ならば、すぐに店に伝えよう。

スーツを安く手に入れる方法！ 無料も？
まずは家族や親戚からもらえるか聞いてみよう！

入学式のスーツは使えるか？

「大学の入学式のために買ったスーツは就活でも使えますか？」という質問をする学生が多い。よほど変な色でなければ使える。一度、**スーツ・ワイシャツ・ネクタイ・ベルト・革靴をすべて身につけて、キャリアセンターの職員に見てもらい、就活に使えるかを確認してもらうのがよい。**[※]

　就活時に体型が変わっていれば、有料だが、紳士服店、洋服のリフォーム店でサイズを直してくれる。

※できれば、入学式のスーツを買う時に、「就活でも使えるスーツ・ワイシャツ・ネクタイ・ベルト・革靴を買いたいです」と紳士服店で言うとよい。

家族がスーツの知識を持っていないことも多い！

「入学式のスーツを選ぶ時に、失敗しないように、父親についてきてもらった。父親は緑色のスーツを選んだ。入学式の時は気がつかなかったが、大学で実施する合同企業説明会にそのスーツを着ていったら、友達から、『その緑のスーツはバッタみたい』と言われてしまった。父親がスーツを選ぶセンスがなかったことにようやく気がついた。結局、その後そのスーツは使わなかった」という悲しいエピソードを持っている男子学生もいる。

　父親などの家族がスーツの正しい知識を持っていなかったり、センスが悪かったりすることはよくある話だ。**自分でスーツについて学び、紳士服店の販売員にアドバイスをもらって、時間をかけて選ぶのがよいだろう。**

　入学式のスーツ選びは仕方ないとしても、就活のスーツ選びは失敗しないようにしよう。

スーツをもらうのも手！

　家族や親戚、先輩などにスーツをもらうという方法もある。とにかく、あちこちに「使わないスーツがあれば、ゆずってほしい」と声をかけてみるとよい。

　すると、**まだまだ使えるスーツやネクタイをくれることがある。**2着目、3着目のスーツとして使えるので、着回しが楽になる。**体型や年齢が近い親戚に頼むとよいだろう。**年齢が離れていると、今の流行とかけ離れすぎて、就活には使えないことが多い。バブル時代のダブルのスーツなどもらっても、今の就活では使えない。

　だいたい、会社に慣れてくると、古いスーツは傷んでいないのに新しいスーツを買い足し、「新人時代のスーツはいまさら着たくない」と古いスーツをクローゼットにしまっていることが多いものだ。スーツはもとが高価でなかなか捨てられないので、もらってくれると、かえって助かる。

　ベルト、靴、バッグ、コートなども傷んでいなければ、もらえるものはもらっておこう。1000～2000円程度でよいので、菓子折りでもお礼に渡すとよいだろう。

スーツの無料貸し出しのサービスもある！

　「カリクル」という無料でリクルートスーツの貸し出しをしているサービスがある。LINE登録が必要で、先着5000名までだ。ただし、スーツを破損すると最大3万円払って弁償しなくてはいけないので、要注意。

　NPOなどでもスーツの無料貸し出しをしているので、「スーツ　無料　貸し出し」や「スーツ　無料　レンタル」などで検索して探すとよい。

スーツの着こなしマナーとメンテナンス！

ジャケットのボタンはとめ方が決まっている！

 ### 男性はジャケットの前ボタンの一番下はとめない！

　男性はスーツのジャケットの前ボタンの一番下はとめないのがマナーになっている。2つボタンのリクルートスーツを着る場合、とめるのは一番上だけだ。たまにスーツの前ボタンを全部とめている社会人がいるが、かっこ悪い。

　そして、男性のジャケットは座った時に前ボタンを外すのがマナーだ。

 ### 女性のジャケットの前ボタンはすべてとめる！

　女性用スーツのジャケットはすべてのボタンをとめることを想定したシルエットになっている。よって、**女性のジャケットは、ボタンの数にかかわらずすべてのボタンをとめる**。女性のジャケットは座った時もボタンをとめたままでよい。

　女性のジャケットで1つボタンのものはカジュアルな印象なので就活には適さない。就活用としては2つボタンが適する。

 ### スーツのクリーニングは3ヵ月に1回！

　スーツは洗濯機で洗ってはいけない。修復不可能なくらいシワになってしまい、スーツが台なしになる。スーツはクリーニングに出すものだ。**スーツは3ヵ月に1回程度クリーニングに出すのがよい**。あまり頻繁にクリーニングに出すと生地が傷んでしまう（食べこぼしなどで汚れた場合は、もちろんすぐにクリーニングに出そう）。とはいえ、夏で汗を大量にかいている場合は、臭くなるくらいなら、2週間に1回程度クリーニングに出すのも手だ。リクルートスーツは1年で着つぶす使い方になるが仕方ないだろう。

スーツは毎日、こうやって手入れする！

　汗をかいて、スーツの裏地に汗がついている場合は、スーツを裏返し、汗をかきやすい背中・ワキの下・ヒザの裏を固くしぼったタオルでふきとる。ハンガーに裏返したままかけ、風通しのよい場所に１～２日吊るしておくとよい。

　特に汗をかいていない場合は、ジャケットは肩に厚みがあるジャケット用のハンガーにかける。この場合はもちろんジャケットを裏返す必要はない。

　そして、ズボンはズボンの裾をはさんで上にして吊るすボトムス用ハンガーを使うと、ズボン自体の重みで自然とシワが伸びる。(※1)

　そして、専用のブラシでブラッシングして汚れをとる。その後、ハンディースチーマーを直接当てず、やや離して蒸気をあてながらゆっくりと動かし、シワを伸ばす。スチームが生地に適切な湿気を吸わせ、その湿気が放出される際ににおいの成分も蒸発し、消臭もできる。(※2)

※1： ズボンをハンガーに２つ折りで吊るす人がいるが、シワになるのでやめよう。
※2： スチーマーがない場合は、お風呂に湯をはり浴室に蒸気を充満させ、５～10分程度スーツをバスルームに吊るし、その後、部屋で乾燥させるとよい。スチーマーに比べて全体的に消臭される。あまり長時間やるとよくないので、タイマーを設定しておこう。

スーツに消臭スプレー・シワ取りスプレーは NG ？

　スーツに汗や焼き肉、タバコのにおいがついたからと消臭スプレーをしたり、シワをとるのにシワ取りスプレーをしたりする人もいるが、実はスーツの裏地は水に弱く縮みやすいので、水分が多いスプレーは、シミになることがある。

　また、スーツの表面の汚れの上にスプレーをすると、汚れがより固まり、スーツがゴワゴワするし、クリーニングに出しても汚れが落ちづらくなることもある。

　とはいえ、リクルートスーツは１年で着つぶすつもりで、手っ取り早く、消臭スプレーやシワ取りスプレーを使うのも手だ。

白のワイシャツを３〜６枚買うとよい！

ワイシャツのメンテナンス法を紹介！

就活では白のワイシャツが基本！　３〜６枚買う！

肝心なのはワイシャツだ。白のワイシャツがベストだ。

シワだらけのワイシャツだと面接官の印象が悪い。「ノーアイロン」「形態安定」などといったシワになりにくいワイシャツを買うとアイロンをほぼかけずにすむ。ワイシャツは３〜６枚あるとよい。全部、白でかまわない。ワイシャツは１日着たら、家に帰って即洗濯する。金銭的に余裕がある人は即クリーニングに出そう。

間違っても２日続けて着ることのないように。時間がたつと衿首の汚れがとれなくなってしまう。

ワイシャツはサイズも下に着るインナーも重要！

ワイシャツもサイズが重要だ。紳士服店で自分のサイズを測ってもらったうえで、選ぼう。

首回りは第一ボタンをとめたときに指が１本入るのが目安。

また、裄丈（首の付け根中央から手首の付け根に至る部分の長さ）はジャケットの袖口から１〜２cm出るのが目安だ。

ワイシャツの下のインナーが透けるとかっこ悪い。白のインナーは肌の色との違いがあるため意外に透ける。黒や柄つきのインナーは論外。

ワイシャツの下にはベージュのインナーを着ると最も透けづらい。

シワになりづらいワイシャツの洗濯法！

　時々、シワだらけのワイシャツやスーツを着ている就活生が見受けられる。ワイシャツやスーツのメンテナンスの仕方を知らないからだ。

　シワになりづらいワイシャツの洗濯法は以下の通りだ。

①前身頃（まえみごろ）のボタンをとめてシャツを裏返しにする（ボタンをとめることで、シワができづらくなる）。

②ワイシャツを1枚ずつきれいにたたんで洗濯ネットに入れる（1つの洗濯ネットにはワイシャツは1枚だけ）。

③洗濯の仕上げに柔軟剤を使う。

④シャツの脱水時間は、15秒〜30秒程度（長い時間脱水するとシワになる）。

⑤できるだけ肩部分が広いハンガーを使用して、ワイシャツを干す。

外出中にワイシャツが汚れたら？

　面接と面接の途中、ランチでワイシャツが汚れることがある。「この後も面接があるのに！」と困ることだろう。そういう時は、レストランのテーブルの紙ナフキンをとり、トイレで以下のように応急処置をしよう。

①紙ナフキンで汚れをとる。油なども紙ナフキンでなるべく吸いとる。

②汚れた個所の裏側に紙ナフキンをあてる。

③トイレのハンドソープを紙ナフキンにかけ、たたくようにして汚れを落とす（横にふくと汚れが広がるのでNG）。

④汚れが落ちたら、水で濡らした紙ナフキンで洗剤を落とす。

⑤乾いた紙ナフキンで水気をとりのぞく。

　あくまで応急処置だ。家に帰ったらすぐに洗濯をするか、クリーニングに出そう。スーツやネクタイについた汚れも同様の手順でとればよい。

　なお、スーツやネクタイを横にふくと、生地がすれて毛羽立ちが生じ、見た目が非常に悪くなる。汚れを落とす時はたたくようにすることを忘れないでほしい。

ネクタイ自体の長さを意識して買おう！

ネクタイは安くてよいので、２〜３本買うとよい！

 ## ネクタイはベルトにちょうどかかる長さ！

ネクタイは先がベルトにちょうどかかるくらいの長さで結ぶのがよい。短すぎるのはかっこ悪いし、長すぎて股間まで届くのもかっこ悪い。

ネクタイ自体の長さには種類がある。小柄なのに長いネクタイではきれいに結べないし、大柄なのに短いネクタイでもきれいに結べない。身長165cm ならネクタイは140〜145cm、　身長170cm なら145〜155cm、　身長175cm なら155〜165cm、身長180cm なら160〜170cm が適する。この点に気をつけて買おう。

 ## ネクタイは無地か小紋柄、ピンドットがオススメ！

ネクタイは飲食や汗などで非常に汚れやすい。ネクタイが１本ではクリーニングに出すとつけるものがなくなる。100円ショップのネクタイでも適切な柄なら十分使えるので、**ネクタイは２〜３本あるとよい**。「ネクタイは消耗品」と考え、汚れたらすぐ捨てる人もいる。しかし、いずれはよいネクタイを買ってほしい。

ペイズリー柄（曲線と草花をイメージしたパターンが連続する模様）、チェック柄はセンスよく合わせるのが難しいので、就活生は避けたほうがよい。

ネクタイは無地のもの、小紋柄（小さなモチーフが並んだ柄）**がオススメ**だ。小紋柄はモチーフがなるべく小さいものを選ぼう。

ドット柄（水玉模様）は小さいドットは OK だが、大きいドットは NG だ。

レジメンタルストライプ（ストライプ柄）を勧める人も多いが、できれば避けよう。レジメンタルは特定のグループに属することを示す。例えば、私立大学のスクールネクタイの柄だったりする。大学の同窓会でもないのにレジメンタルを使うと欧米では変に見られる。欧米でビジネスをする人は知っておこう。

■ペイズリー柄

■チェック柄

■コインドット

（大きい水玉模様）

■レジメンタルストライプ

（ストライプ柄）

■無地

■小紋柄

（小さなモチーフが並んだ柄）

■ピンドット

（小さい水玉模様）

ネクタイは素早く結べるように練習する！

ネクタイのメンテナンス法を紹介！

 ネクタイの結び方は YouTube で学ぶ！

　ネクタイはいろんな結び方があるが、**就活ではプレーンノットという結び方が
よい。**ネクタイは慣れていないと結ぶのに時間がかかる。ネクタイを結ぶのに手
間取ってしまい、面接に遅刻したという学生が時々いる。

　そうならないように、**YouTube で手本を見て練習をしておこう。**しかし、通
常の動画だと、手本が正面を向いていて、見ている側と左右逆になるので、理解
しづらい。

　「むすびモノ」という YouTube チャンネルに、『**ネクタイ自分目線での結び方
「プレーンノット」という簡単で基本的な結びを一人称視点で説明**』という動画
がある。見ている側と同じ方向で結び方を実演しているので、わかりやすくてオ
ススメだ。

 ネクタイのメンテナンス法！

　家に帰ったらネクタイを専用のハンガーにかけて陰干しする。そうすること
で、**ネクタイのシワが自然にとれる。**アイロンのスチーム機能を使うのもよい。
お風呂上がりの湿気の残った浴室にネクタイを10〜20分吊るしておけば、簡単に
シワが伸ばせる。

　アイロンでネクタイをプレスすると生地がテカテカになり、使い物にならなく
なるので、プレスは避けよう。

　なお、ネクタイの細かい汚れはブラッシングによって落とす。

　**ネクタイを洗濯機で洗うとシワシワになってもとに戻せないので、汚れたらク
リーニングに出すこと。**その際、撥水加工も頼むと汚れづらくなる。

薄くてシワになりにくいコートが楽！

コートを着ないという選択をしてもよい！

 ## コートはジャケットより丈の長いものを選ぶ！

寒い時期はスーツの上にコートを着ることが多い。

コートはショート丈でも、ジャケットより少し長めのものを選ぶ。コートのほうが短くて、ジャケットの裾が見えると格好悪い。

ダウンジャケットなどカジュアルなコートは避けよう。

紳士服店で「就活に適するコートを選びたい」といえば探しやすい。

就活中、コートはたたむことが多いので、シワになりにくいナイロン素材がよいかもしれない。たたんで腕に持つことも多いので、寒くない程度に、軽くて薄いコートのほうが楽だ。

「雨が降ると建物に入る時、傘、コート、バッグを持つので面倒だから、コートは着ない。かわりにワイシャツの下に温かいインナーを着る」という人もいる。

 ## コートは建物に入る前に脱ぐ！

「コートは建物に入る前に脱ぐ」のが常識だが、知らない学生が多い。

つまり、**玄関の前でコートを脱ぐのが正しく、コートを着たまま建物に入るのはNG**だ。面接が終わった後も、玄関を出てからコートを着るのがマナーだ。

面接時には、イスの背もたれにかけたり、机や膝の上にコートを置いたりしないように。コートは雪や雨で濡れていることもあるので、イスや机、自分のヒザをぬらさないようにするためだ。

面接時には、コートはたたんで、バッグの上におく。そのため、自立する大きめのバッグを選ぼう。大きめのバッグの外ポケットに、たたんだコートを入れるのはちょっとした裏技だ。薄くてシワになりにくいコートでないと難しいだろう。

男性の革靴は、ストレートチップか、プレーントゥ！

 ### ヒモがない革靴は、本来、就活には適さない！

男性は黒の革靴が基本だ。

革靴にもいろんな種類があるが、ヒモで結ぶタイプの革靴が就活に向く。ストレートチップ、プレーントゥが就活やビジネスに適する。

しかし、革靴でもヒモがないデザインの靴はカジュアルなので、就活やビジネスには本来適さない。スリッポン、ローファーも就活には適さない。

ヒモで結ぶタイプの革靴でも、ウィングチップはデザイン性が高すぎるので、就活やビジネスには本来適さない。

とはいえ、実際のところ、日本の面接官は靴の種類をチェックしたりはしていない。スリッポンでもローファーでも、汚れていない黒の革靴をはいていれば、マイナス評価をされない。

そもそも、日本の社会人で靴の種類にこだわる人はごくわずかだ。面接官がスリッポンやローファーをはいていることもあれば、社長がウィングチップをはいていることもある。本来よいことではないのだが、それが日本の現状だ。

欧米で仕事をすることがある場合は、就活を機会にぜひ革靴の種類についても覚えてほしい。不適切な革靴をはいて欧米で仕事をすると、恥をかくからだ。

就活中はかなり歩くので、底がラバー製の革靴だと疲れずに歩ける。

靴を選ぶ時はできれば5分くらい店内を歩き回るとよい。サイズが合わない箇所は痛くなってくる。5分歩いて問題なければ、その靴は自分に適していると言える。靴選びに関しては、女性のパンプスの箇所で詳しく書いているので、参考にしてほしい。

靴みがきシートをバッグの中に入れておこう！

　100円ショップや無印良品などで売っている、携帯できる「靴みがきシート」をバッグの中に入れておこう。外出先で靴が汚れたら、すぐにふくとよい。靴の汚れがとれ、ツヤもでる。

　日頃の手入れとしては、帰ったら、革靴にブラシをかけて汚れを落とし、クリーナーでふき取り、革の保護剤やツヤだしクリーム、防水スプレーなどをする。革靴は2足用意し、1日おきに使うのがベストだ。

スコールのような雨で靴がぬれた！

　最近は、日本でもスコールのような雨がいきなり降ることが多くなり、傘をしていても、革靴がぐっしょりぬれてしまうことがある。防水スプレーをしていれば、革靴でも少々の雨なら問題ないが、ぐっしょりぬれてしまったら、きちんとしたケアが必要だ。革靴に水は大敵だ。

　ぬれてしまうと、革の表面から水が浸透して、革の繊維を柔らかくし、型崩れしてしまう。また、ぬれた革靴は乾燥する際に、水分とともに革内部の油分が蒸発し、油分が足りなくなった革の繊維は柔軟性を失い、固くなってヒビ割れをおこす。

　ぬれた靴のケアとしては、まず、ぬれた靴から、中敷き、靴ヒモをはずして靴とは別に乾かす。靴は乾いたタオルや布などで軽くふき取る。新聞紙などを靴の中に詰め、風通しのいい日陰で靴を乾燥させる。箱などを下に置いて、つま先を少し浮かせておくと、靴底まできちんと乾かすことができる。

　ぬれた新聞紙を一晩詰めたままにしておくと、カビが発生することがあるので、新聞紙はこまめに取り替える。乾燥し終わったら、靴用のクリームを塗る。

　ドライヤーで温風をかけたり、ストーブの前に置いたりして、革靴を急激に乾かすと、革が縮み、型崩れの原因になるので、絶対にやらないように。

合皮の靴よりも、本革の靴がオススメ！

ただし、合皮の靴は傷・汚れに強い！ 雨・雪にも強い！

基本的に、本革の靴がオススメ！ 理由は見た目！

　靴を選ぶ時に、本革にするか合皮（合成皮革）にするか迷うところだ。結論から言うと、**本革の靴がオススメ**だ。合皮は見ればすぐにわかってしまう。やはり、本革の靴のほうが見た目がよい。

合皮の靴ははげしい雨でもしみない！

　そうは言っても、合皮の靴にもメリットはある。

　合皮は水分を通さない。だから雨の日でも靴下まで雨がしみないというメリットがある。本革の靴だと防水スプレーをしていても、ひどい雨だとしみてしまう。

　ただ、スコールのような雨の場合、靴下がぐっしょりぬれ、合皮の靴でも内側からぬれてしまう。「合皮の靴だと、雨の日でも靴下まで雨がしみない」というのは、小雨の場合にしか通用しない。

　スコールのような雨が予想される日や梅雨時であれば、合皮のハーフブーツが一番強い。また、**冬に雪深い地域であれば、合皮のハーフブーツが適するだろう。**

　本革のハーフブーツでビジネス仕様のものも雨や雪にかなり強い。面接にはいていっても、変ではない。ただし、雨の予報もない良い天気なのに、ハーフブーツを面接にはいていくのはやめよう。

合皮の靴は傷・汚れに強い！

　合皮は本革に比べてキズや汚れに強い。合皮の靴の寿命は 3 ～ 5 年くらいだ。自転車通勤をする社会人で、靴にペダルがあたってもキズがつかないという理由で合皮の靴を使っている人もいる。

　合皮の靴は安価なので、手入れをせずに、はきつぶす人も多い。**合皮の靴はぬれたり、汚れたりしたら布でふき取る程度の簡単な手入れで済ませる人も多い。**「本革よりも合皮の靴は蒸れやすい」とはよく言われるが、通気性を高めて蒸れにくくした合皮の靴もある。吸湿速乾の中敷きを入れれば、蒸れにくくなる。

「良い靴を長く使う」か「安い靴を手軽に使う」か？

　「本革の靴はソールの張り替えをするなど手入れをすれば10年20年と長く使える」とはよく言われる。それは高価でよい作りの本革の靴はソールの張り替えをして長く使うということだ。ソールの張り替えは 1 万5000円くらいかかる。

　低価格帯（ 2 万円以下）の本革の靴で、ソールがボロボロになった時に、 1 万5000円をかけてソールの張り替えをするだろうか？　買い替えたほうが安くあがる。

　よって、低価格帯の本革の靴は、 1 ～ 3 年程度で買い替えるという使い方になる。まだお金のない就活生や企業に勤め始めた新人は、そうした使い方でもよいだろう。だが、ソールやかかとがすり減ったり、アッパー（靴の底を除いた上の部分）にシワ・大きなキズがついたりしたら、すぐに買い替えよう。

　しかし、良い作りの本革の靴はやはり美しい。一流ホテルの従業員は、靴でその人の格を把握する。ある程度の年齢で、役職も上なのに、安い革靴をはき続け、手入れも怠って、キズだらけ・汚れだらけでは、「仕事ぶりも悪そうだ」と思われるし、格下に見られてしまう。良い革靴を良い手入れをして使っていると、「仕事ぶりもよいのだろう」と思われ、格上に見られる。

　いずれ、良い革靴をはき、丁寧な手入れ方法も覚えてほしい。

女性は革の平靴でもかまわない！

ヒールのパンプスを選ぶなら知識・慣れが必要！

「3～5cmのヒールのパンプス」が多い！

　就活の服装で難しいのが女性の靴選びだ。就活では女性はパンプスが多い。パンプスは甲の部分が浅くまた大きく開いている女性用の靴だ。ヒールの高さが7cm以上ある靴がハイヒールだ。ヒールが7cm以上のパンプスではハイヒールとなる。

　就活でよく勧められるし、はいている人も多い「3～5cmのヒールのパンプス」は「ヒール」や「パンプス」と言われる。

　また、「ヒールが3cmよりも低い革靴」が「平靴」。「ローヒールパンプス」や「ローファー」など就活で使えるヒールの低い靴が「平靴」だ。

革の平靴でも大丈夫！　痛くないパンプスもある！

　女性は3～5cmのヒールのパンプスが就活によいと言われるが、黒の革靴であれば、平靴でもかまわない。就活中は長時間歩くので、ヒールでは足が痛くなりやすい。足の痛みで面接に集中できなくなるくらいなら、平靴のほうがよい。「ヒールで足が痛くなり、面接に行く途中、100円ショップで黒のスリッポンを買ってはいた。面接官にスリッポンを気づかれないか心配で、面接に集中できなかった」といった話は毎年よく聞く。

　それでも、「やっぱり5cmヒールのパンプスをはく！」という場合は、足が痛くならないものを選ぼう。最近では「走れるパンプス」や「整体パンプス」など長時間はいても痛くない工夫をしたヒールのパンプスも売られている。しかし、どんなに工夫されたヒールのパンプスでも自分の足の形に合っていなければ、結局、はいているとすぐに痛くなる。

自分の足の指が、3つの型のどれかを知る！

　足の指の形にはいくつかの型がある。自分の型を知ることが重要だ。

　「エジプト型」は親指が一番長い足の形で、日本人に多く見られる。先端が親指から小指にかけて、足の指と同じくななめになっている「オブリーク」というパンプスが適する。

■エジプト型　　　　　　　　　　　■「オブリーク」のパンプス

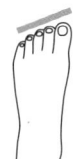　　　　　　　　

　「ギリシャ型」は人差し指もしくは中指が一番長い足の形で、若い日本人に時々見られる。先端が丸みを帯びている「ラウンド」やつま先が細くとがっている「ポインテッド」というパンプスが適する。

■ギリシャ型　　　■「ラウンド」のパンプス　　　■「ポインテッド」のパンプス

　　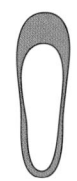　　　　　　　

　「スクエア型」は親指から小指までの差が少ない（特に親指から中指まで長さがほぼ同じ）足の形で、日本人には珍しい。つま先を一直線にカットしたような「スクエア」というパンプス、または、「ラウンド」が適する。小指側が圧迫されやすいので、少し大きめのサイズを選ぶほうがよい場合がある。

■スクエア型　　　　　　　　　　　■「スクエア」のパンプス

7章　スーツをかっこよく着こなす！

パンプス選びには１時間は確保しよう！

パンプスを買ったら、近所を30分は歩く！

 ### パンプスは５分歩いて、痛くないかを確認する！

　パンプスを選ぶ時は靴下ではなく、ストッキングで靴店に行こう。しかもなるべく薄い色のストッキングがよい。膝下のショートタイプのストッキングでかまわない。

　20〜30歩くらい歩いて確認することが多いと思うが、はっきりいって短すぎる。「５分くらい店内を歩いて試したいので、他のお客さんを相手していていいです」と店員に伝え、**パンプスをはいたまま５分くらい靴店の中を歩く**とよい。サイズが合わない場合は３〜５分で痛くなってくる。脱ぐと、痛みはなくても足に真っ赤なあとがあったりする。それはもう少しはき続けると痛くなる部分だ。**真っ赤なあとがあるかを確認しやすいように、薄い色のストッキングにするのだ。**

　５分と聞くと長く感じるが、ヨーロッパでは１足を５分試すのは当たり前。何足もそうやって試し、自分に合ったものを選ぶのだ。

　「店員さんがいるのに、５分試すのは気が引ける」という人は、店員がはりつかないイオンなどの靴売り場で、まずはいろんなパンプスをはいて５分歩いて試せばよい。棚の下にある箱から、合ったサイズを自分で探さなくてはいけないが、店員がはりつかないので、ゆっくり試せる。その後、店員を呼んで、助言をもらい試して購入すればよい。イオンなどは就活用のパンプスはそんなに種類をそろえていないが、ある程度は種類・サイズを試せるだろう。

　イオンなどで納得がいかなければ、フォーマルな靴の種類が多い店で、詳しい店員に助言をしてもらいながら、靴を選べばよい。

　カジュアルな靴を中心に扱っている店では、フォーマルな靴に詳しい店員がいないことが多いので避けよう。女性の店員がカジュアルな服装なら、だいたいカジュアルな靴が中心の店と思ってよい。

パンプスはサイズが重要！

　まず、パンプスはサイズが重要だ。大きすぎると、足が前の方に突っ込む形に
なってしまうので、つま先に痛みが出やすい。小さすぎると、無理やりつま先を
入れ込んでいるので、やはりつま先に痛みが出る。

　**かかとをしっかりくっつけてはいたときに、つま先に1～1.5cm空間ができ
るくらいがちょうどよいサイズだ。**これが基本だ。

　ヒールの太さによっても痛くなりやすさが違う。基本的にヒールが細いパンプ
スよりも、ヒールが太いパンプスのほうが安定しているので、痛くなりづらい。

足を立体的に測定して、適したパンプスを選ぶ！

　たんに足の長さを測るのではなく、詳細に足の形を計測してくれる靴店がよい。
たとえば、三越伊勢丹は足の形を立体的に測定する「3D計測」をおこなって
いて、適したパンプスを選びやすい。似た計測をしている靴店は他にもあるの
で、「足　3D　計測」などで検索してみよう。

パンプスを買ったら家の近所で試す！

　**パンプスを購入したら、すぐにパンプスをはいて家の近所にでかけ、30分くら
い歩いてみよう。**

　適したパンプスを選んだはずなのに、はいているうちに足が痛くなるかもしれ
ない。痛くなったら、すぐに家に戻ろう（痛くなるかもしれないので、大学やバ
イトに行くなど、すぐに帰れない用事では、最初はパンプスを使わないように）。

　**痛くなった場合は、「つま先用のパッド」や「かかと用のパッド」などをつけ
るとよい。**靴の中で足がすべってしまう場合は、「ポイントクッション」をつけ
るとよい。すべると感じている部分にピンポイントで貼ってすべらなくできる
し、透明なので靴を脱いだ時も目立たない。これらは100円ショップでも売って
いる。

ヒールの正しい歩き方を知ろう！

ヒールは慣れていないと、転んでケガをする！

 ### 慣れないヒールはあぶない！

「慣れないヒールのパンプスで階段を下りていたら、踏み外して階段から転げ落ちてケガをした」とか「石畳の道をパンプスで歩いたら、石畳のすき間にヒールがはさまって、ヒールが折れて転んだ」といったトラブルは、ヒールに慣れていない就活生にはよくあることだ。家の近所を歩いて、正しいヒールの歩き方を身につけておくとよいだろう。

 ### ヒールが折れた時の対処法！

ヒールが折れた場合は、コンビニや100円ショップで瞬間接着剤を買って、ヒールをはりつけて数十秒待つだけで直すことができる。ただし、応急処置にすぎない。

スーパーやショッピングモール、デパートなどに靴の修理店があることが多いので、修理を頼むのも手だ。近くに靴店があれば、靴を買いなおすのもよい。

 ### ヒールの間違った歩き方では、美しくない！

ヒールに慣れていないため、猫背になったり、ヒザが曲がったり、がに股・うち股になったりして歩いている人が多いが、これらは間違った歩き方だ。

かかとから着地する人、つま先から着地する人も多いが、これらも間違った歩き方だ。特に、つま先から着地すると、パカラパカラとパンプスが音を立てるので、美しくない。

美しく見せて、プラス評価を得ることを期待してはいたヒールなのに、間違った歩き方を見せては逆効果だ。

ヒールの正しい歩き方は美しい！

　ヒールの正しい歩き方を説明しよう。

　背筋を伸ばし、太ももの付け根から動かして脚全体を使い、普段歩くよりも歩幅をせまくして歩く。そして、着地の際はヒザを伸ばし、つま先とかかとを同時に着地させる。

　普段歩く時は、左右の足は2本の線の上を進むように歩いている。しかし、ヒールの場合は、つま先をまっすぐ前に向け、左右の足を1本の線の上を進むようにして歩くと、安定して美しく歩ける。

■普段の歩き方（2本の線）

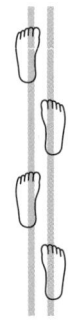

■ヒールの歩き方（1本の線）

■ヒールの間違った歩き方

猫背

ヒザが曲がる

ヒザから下だけで歩く

■ヒールの正しい歩き方

背筋を伸ばす

ヒザを伸ばす

太ももの付け根から歩く

つま先とかかとを同時に着地

ヒールのパンプスは疲れやすい！

女性の就活は、平靴とパンツスーツでも大丈夫！

 ## どんなパンプスでも１時間も歩けば疲れる！

　どんなに工夫され、自分の足に合ったヒールのパンプスであっても、平靴よりははるかに疲れやすい。足に合ったパンプスでも１時間ずっと歩き続けたり、立ち続けたりすれば、かなり疲れるし、痛くもなるだろう。だから、長時間、歩いたり、立ったりするインターンシップイベントや合同会社説明会に参加するときは、パンプスではなく平靴にするのも手だ。状況によって、靴を上手に選択しよう。

　パンプスだけで長々と説明してきたが、それは就活中にパンプスで痛みを感じ、トラブルになる女性が非常に多いからだ。足は健康のおおもとだ。靴選びは慎重にしてほしい。

 ## 革の平靴とパンツスーツで就活しても問題ない！

　１日に何社も面接や説明会のために歩き回る日本の就活には、３〜５cmヒールのパンプスはあまり適さない。就活生がスニーカーやサンダルをはいて来たら、面接官もびっくりして、マイナス評価をするだろうが、革の平靴とパンツスーツで面接に来てもマイナス評価をすることはない。

　日本の就活では、女性は革の平靴とパンツスーツで就活しても、まったく問題ないということは再度述べておきたい。

　といって、ヒールを否定しているわけではない。ヒールをはきこなしていれば、もちろん素敵だ。ヒールをはくなら、ヒールの正しい歩き方をマスターし、はきこなしてほしい。

ヒールは長い距離を歩くためのものではない！

　そもそも、ヒールは長距離の徒歩移動や通勤に使われる想定でデザインされたものではない。国や地域によって、仕事用の靴に何を選ぶかはずいぶん違う。また、同じ国・地域でも、層や職種によって、どの靴をどうはくかはかなり違う。

　欧米の場合、オフィスに個室を持つような上の層の女性は一日中ヒールだ。彼女たちは車で通勤し、オフィスで座って仕事をする。クライアントの所へ行くときも車だ。長時間歩かないので、彼女たちはヒールでも足に負担がかからない。

　ヨーロッパの中でもドイツは通勤もオフィスの中でも平靴という女性が多い。しかし、ドイツでも、フォーマルなパーティーなどでドレスアップした時にはヒールをはくし、その場合、車移動が基本だ。

　アメリカのニューヨークでは、オフィスの中でヒールをはいて仕事をする女性が比較的多い。ニューヨークではスニーカーで通勤し、オフィスでヒールにはきかえる女性もいる。冬になればニューヨークは寒く、雪もあるので、ブーツで通勤し、オフィスでヒールにはきかえる女性もいる。
　ニューヨークでもヒールで通勤し、オフィスでもヒールをはき続け、一日中ヒールでも平気でいる女性もいる。彼女たちは10歳くらいからヒールをはき始め、親がヒールの靴の選び方や歩き方を教えている。適切なヒールの靴で正しい歩き方をしているので、ヒールを一日中はいていてもわりと平気なのだ。
　しかし、そういう女性は、足にタコやマメや魚の目ができるし、足の爪や指が変形することさえある。だから、足のケアに時間を使うことも多い。

　日本の企業だと、ヒールで通勤をし、オフィスに入ったらサンダルにはきかえて仕事をしていることがある。欧米の企業で働く者からすると非常に不思議に見えるが、悪いわけではない。
　欧米の企業で働く可能性があるなら、こうした靴の知識を知っておくとよい。

一歩先んずる、就活の身の回り品の知識!

名刺入れ、時計、バッグ、モバイルバッテリーも!

 ## リクルーターの名刺をもらうので、名刺入れを!

　リクルーターが名刺を渡してくれることがある。そんな時は、名刺入れを持って受け取ったほうがよい。就活を始めたら、名刺入れを持ち歩くとよい。革製の名刺入れが無難だ。100円ショップのセリアでは、革風素材の名刺入れが売っているので、最初はそれでもよい。入社したら、ちゃんとした名刺入れを買おう。

　就活生で自分の名刺を作り、リクルーターや人事に渡す人がいるが、それは人事などにあまり好まれない。就活生は自分の名刺を渡す必要はない。

 ## 面接では時計が必須!

　面接では腕時計は絶対にしておこう。ストップウォッチ機能がついていて、革ベルトかメタルベルトのビジネスシーンで使えるものにしよう。樹脂ベルトのものはビジネスシーンには合わないので避けよう。

　ストップウォッチ機能が必要な理由は、「1分で自己PRしてください」などと時間指定されることがあるからだ。

　1分と言われたら、20〜30秒で終わるのは短すぎる。だいたい50秒くらいは話したほうがよい。そして、1分は絶対に超えないこと。指定された時間を過ぎるとマイナス評価になることが多い。厳しい面接官では、1〜2秒オーバーしただけでも、「1分を超えたね。失格」と言われることがある。

　スマホを取り出して時間を計るのは、面接ではスマートではないのでやめておこう。スマートウォッチもカジュアルに見えるので、就活では使わないほうがよい。

　面接に行く途中で、腕時計を忘れたことに気がついたら、仕方がないので、100円ショップかドン・キホーテで黒色などの地味な腕時計を買おう。ないよりはマシだ。なお、コンビニでは腕時計は売っていない。

ビジネスバッグは収納力のあるものを選ぶ！

　Ａ４サイズが入る黒のビジネスバッグを用意しよう。できれば、数社分の会社案内、適性検査の問題集１冊、ビジネス書１冊、ペットボトル１本、折りたたみ傘（晴雨兼用）、モバイルバッテリーとスマホ充電ケーブルくらいが入るものにしよう。また、ノートPCやタブレットPCを持ち歩くのであれば、緩衝材入りのポケット付きがよい。

　面接や説明会などで、バッグを床に置く機会が多いので、**自立するタイプがオススメ**だ。

　冬には脱いだコートはたたんでバッグの上におくので、自立するバッグがよい。

　たたんだコートや濡れた傘を入れられる大きな外ポケットがあるバッグもよいだろう。

　バッグは目立つので、面接官に与える印象が大きい。リュックタイプのビジネスバッグは避けるようにしよう。ビジネスバッグであってもリュックタイプだと、カジュアルな印象なので、マイナス評価をする面接官もいるからだ。

モバイルバッテリーはバッグに入れておく！

　面接会場に行く際に、スマホの地図アプリを用いることが多いが、説明会や面接が重なる日は、途中で電池がなくなってしまい、困ることがある。

　充電ができるファーストフード店などに立ち寄る時間もないことが多い。そんな時にモバイルバッテリーをバッグに入れて持ち歩いていれば、いつでもスマホの充電ができる。

「私服で」と連絡が来たら、どうする？

「クールビズでいらしてください」なら、どうする？

クールビズと連絡が来たら、どうする？

「暑い時期なので、当社はクールビズを実施しております。面接にはクールビズでいらしてください」と連絡してくる企業も少なくない。その場合、どうすればよいか？　ジャケットとネクタイを外して訪問すればよい。

次の面接でクールビズの指定がない場合は、ジャケットとネクタイはスーツカバーに入れて駅のロッカーに入れておこう。

私服と連絡が来たら、どうする？

「面接には私服（あなたらしい服装、自由な服装）でいらしてください」と連絡してくる企業もある。

「私服（あなたらしい服装、自由な服装）って連絡来たけど、服装を考えるのが面倒だ。スーツで行ったらダメかな？」と思う人もいるだろう。この場合、スーツで行くと、「指示に従ってくれない人だ」とマイナス評価をされる可能性もある。

こうした場合は、**基本的には、オフィスカジュアルで行くのが無難だ。**オフィスカジュアルとは、「社内で来客があっても適する服装」だ。

男性の場合は、シャツにチノパン、革靴かスニーカーといった感じだ。

女性の場合は、上はシャツやブラウス、カットソーなどで、下はパンツでもスカートでもよく、革靴かスニーカーといった感じだ。

男性も女性も、薄手のカーディガンやジャケットで温度調節をする。デニムやジャージ、短パンなどカジュアルすぎるものは NG。

要は、オフィスカジュアルではジャケットが必須ではないのがポイントだ。

「オフィスカジュアル」で検索すれば、実際のコーディネート画像が多数見つかるので、参考にするとよい。

ビジネスカジュアルとの違い！

オフィスカジュアルと似たものとしてビジネスカジュアルがある。ビジネスカジュアルとは「企業の訪問にも適したカジュアルな服装」だ。

男性の場合は、ワイシャツにジャケット、チノパン、革靴といった服装だ。女性の場合は、明るめのジャケットにパンツやスカート、革靴といった服装だ。

要は、ビジネスカジュアルではジャケットが必須なのがポイントだ。

私服の企業とスーツの企業を回る時どうする？

「私服（あなたらしい服装、自由な服装）でいらしてください」という１社目と、リクルートスーツで行くべき２社目が、同じ日に面接がある場合はやっかいだ。

この場合、着替えを駅のコインロッカーに入れ、１社目が終わったら、コインロッカーから荷物を出し、多目的トイレなどで着替えるとよいだろう。

フィッテングボード（収納式着替え台）がある多目的トイレだと使いやすい。「SPACEMARKET」のようなサイトで格安のレンタルスペースを借りて着替えるのも手だ。場所にもよるが、１時間数百円から借りることができる。

イオンなどのショッピングモールで、試着ついでに着替えるというのも手だ。サウナや銭湯で汗を流してから、着替えるというのも優雅だ。大手ネットカフェのフラット個室もよいだろう。

具体的な服装はやはり「オフィスカジュアル」だ。なるべく荷物は減らしたいので、靴は革靴のままで、上はネクタイを外して、白のワイシャツのまま。下はチノパンでよいだろう。もちろん、別のシャツなどを持っていってもよい。なお、スーツはスーツカバーに入れておけばシワにならない。

7章のまとめ

スーツをかっこよく着こなすことで自信を持って面接に挑めるし、面接官によい第一印象を与えることができる。
逆に、スーツ選びやメンテナンスに失敗して、かっこ悪いスーツだと、自信を持って面接に挑めないし、面接官に悪い第一印象を与えてしまう。

スーツ選びやメンテナンスを成功させるには、事前に十分な知識を得ておくことだ。

スーツを選ぶ際に、これだけは押さえておくべきポイントを教えてください。

スーツ選びの基本は、この4つだ。
・ジャケットは肩幅が合ったものを選ぶ
・ジャケットの着丈はお尻がほぼ隠れる長さ
・スカートの丈はヒザが隠れる長さ
・パンツはピタピタになりすぎない、ブカブカにならないサイズ

8章

Web面接の攻略法！

大手企業の初期段階の面接は、Web面接が中心！

Web面接の流れを説明しよう。

まず、企業から「Web面接の予約の案内」といったメールが来る。

↓

メール内のリンクを開き、Web面接の予約ページを開く。自分の都合の良い日時を予約。

↓

企業から「Web面接の日程の案内」といったメールが来る。

Web面接の日時、Web面接システム（「Zoom」や「Teams」など）のリンクなどが記載されている。

↓

当日、メール内のリンクを開き、Web面接システムにログイン。開始時刻の10分前にはアクセスしておく。

↓

面接官もシステムに入り、画面越しに挨拶をし、面接開始。

なお、企業によっては流れが異なることもある。

初期段階の面接は、Web面接が中心！

照明によって、顔の映りはきれいになる！

一次面接・二次面接はWeb面接の企業が多い！

Web面接は「Zoom」や「Teams」などのWeb会議システムを使った面接だ。新型コロナウイルスの感染拡大の後、**一次面接・二次面接はWeb面接で実施する企業が多い**。対面で面接は、最終面接だけという企業も珍しくない。

学生の利便性や幅広い地域から優秀な学生を集めるため、今後もWeb面接は継続するだろう。

Web面接はスマホだとやりづらい！

Web面接に必要なのは、**パソコン**（または、iPadなどのタブレットやタブレットPC）だ。スマホは画面が小さく、面接官の細かい表情がわかりづらいので、避けたほうがよいだろう。

最近のパソコンはWebカメラ、マイクが内蔵されている。しかしそれらがないパソコンであれば、別途、用意しよう。**音が聞き取りづらい場合は、ヘッドセットをつけるとよい**。

ヘッドセットだと髪がくずれるのでイヤだという人は、外付けのマイク、スピーカーを用意し、ハウリング(※) しない位置にセットしよう。

※ハウリングはマイクを使用する際に、「ピー」といった大きく不快な音が発生する現象。マイクとスピーカーが向かい合っていることなどが原因。マイクとスピーカーの位置を変えることでハウリングは解消される。「単一指向性」のマイクの尻をスピーカーに向けた時に、もっともハウリングしなくなる。マイクには前方の音を拾う「単一指向性」、前後の音を拾う「双指向性」、全方位の音を拾う「無指向性（全指向性）」などの種類がある。Web面接のように一つの部屋で一人が使う場合は、前方の音を拾う「単一指向性」のマイクを使うとよい。

顔をきれいに見せるために光にこだわろう！

　顔を明るくきれいに見せるには LED リングライトを用意しよう。2000円程度の商品が多いが、100円ショップのダイソーには LED リングライトが800円程度で売っている。これでも十分使える。

　いわゆる「女優ライト」と呼ばれ、顔をきれいに映せる LED リングライトだが、メガネをかけている人の場合、レンズに光の輪ができて、きれいに映らない。

　メガネの場合は、LED ライトスタンドを 2 個用意して、左右のやや下から光を顔にあてるとよい。レンズに光の輪ができず、顔をきれいに映すことができる。人物の正面のななめ45度くらいから照らすのが基本だ。

　昼間に、逆光になると顔がはっきり見えなくなってしまう。背中のほうに窓があるというテーブル配置は避けよう。どうしても背中側に窓があるのであれば、カーテンをしめて逆光にならないようにしよう。顔に太陽光があたるように、窓に顔が向くようなテーブル配置がよい。太陽光があたれば、それだけ顔がきれいに見える。

　横から太陽光が入るテーブル配置しかできない場合は、反対側から LED ライトスタンドで照らせば、顔に影はできなくなる。

■天井照明（シーリングライト）のみ　　■左右から照明をあてた場合

背景で面接官に与える印象が変わる！

Web 面接に集中できる、静かな環境づくりが重要！

 背景はごちゃごちゃしていると印象が悪い！

特に指定がない限り、**Web 面接もスーツを着て参加しよう。**Web 面接だからと油断をして、ネクタイをゆるめたりしないように。きちんとした身だしなみで参加しよう。「Web 面接は私服（服装自由）でよいです」と連絡があれば、服装はオフィスカジュアルがよいだろう。

背景も重要だ。ごちゃごちゃと片付いていない部屋が見えてはよくない。背景は白い壁だけがベスト。どうしても片付けられない場合は、パーテーションを置くとよいだろう。

背景にこだわる人は観葉植物を置いたり、壁に絵をかけたり、専門書がずらっと並ぶ本棚を配置して、センスの良さや知的さをさりげなくアピールしてもよいだろう。(※)

バーチャル背景は禁止という企業はないだろうが、**バーチャル背景は遊びっぽい雰囲気と面接官に受けとられかねない。**また、「きっと部屋が汚いから、バーチャル背景にしたのだろうな。整理整頓ができないのだな」と面接官に思われるかもしれない。

※同じ部屋で Web テストを受けるはずだ。監視型の Web テストでは、四方に何もない状態を求められるので、あれこれ置かない部屋にしておいたほうが楽だ。もしくは、監視型のWeb テスト受検の時は、パーテーションを置けば、背景のものを片付けなくてすむ。

集中できる静かな環境を作る！

　Web面接中は音がうるさくならないように、実家に住んでいる人は、家族に協力をしてもらおう。「Web面接中は静かにしてほしいので、テレビや掃除機など音がするものは使わないでほしいし、自分の部屋に入ってこないでほしい」と伝える。ドアの前に、「14時～15時までWeb面接中。静かにしてください」などとはり紙をはっておくのもよいだろう。

　ところが、「いくら伝えても、Web面接中に母や祖母が『ねえ、晩御飯は何がいい？』などと入ってくるので、泣きそうになった。Webか対面かを選択できる場合は、必ず対面の面接を選んでいた」という体験談もよく聞く。

　一人暮らしの人は、インターホンが鳴らないように電源を切るのも手だ。たとえば、マンションでよく使われているアイホンという機種では、室内の機械の側面の小さいフタを開けると、電源スイッチがある。

　オートロックがなく、誰でも玄関前まで来ることができる部屋に住んでいる人は、ドアに「14時～15時までWeb面接中。インターホンに出られません。宅配便などは15時30分以降にお願いします」とでも書いてはっておくとよいだろう。

　自分の部屋が落ち着いてWeb面接ができる環境ではない場合は、ネットカフェのテレワーク用のブースを使うとよい。パソコン、Webカメラ、ヘッドセットなどすべて用意されており、落ち着いた環境でWeb面接ができる。テレワーク用のブースは数に限りがあるので、ネットカフェのサイトで予約をしておくとよい。

パソコンのメール通知は切っておこう！

　パソコンでメールが着信すると音やポップアップで通知する設定をしている場合は、Web面接の邪魔になるので切っておこう。その他、Web面接の邪魔になりそうなパソコンの設定は切っておこう。スマホも音が鳴らないように、マナーモードにしておこう。固定電話は電話線を抜いておくとよい。

カメラの角度や高さで、印象は変わる！

自分の正面の顔を映して好印象を与えよう！

カメラの位置や角度によっては変な顔になる！

　ノート PC のモニター上部にカメラがついている場合、パソコンに映っている面接官の画像を見ていると、下を向いているように映ってしまう。そうならないように、ノート PC の高さや角度を変えられる「ノート PC スタンド」で PC のカメラを目線の位置にするとよいだろう。

　台を置くなどして、高さを調節してもよい。

　大きなデスクトップモニターの上に、外付けの Web カメラを設置している場合、PC のカメラ位置が高くなるので、上からのアングルになり、印象が悪い。

目線にカメラを調節できるスグレモノもある！

　大きなデスクトップモニターの上に、外付けの Web カメラを設置する場合は、「好感度 WEB カム」や「MEGA-AU（目が合う）」「センターカム」という Web カメラを使うとよい。これらは、モニターの上からぶら下げ、カメラ部分の伸び縮みができ、好きな位置に調節できる。**カメラを目線の高さに持ってくると、Web 面接の面接官の目を見て話していても、自分は正面の顔をちゃんと映すことができる。**カメラも小さいため、邪魔にはならない。なお、自分の持っている PC に合うか仕様を確かめて購入してほしい。

ノートPCのヒンジのカメラはさける！

Zoom や Teams で自分の声が聞こえづらい時の対処！

 ノート PC のヒンジ部分のカメラは使いづらい！

　ノート PC のヒンジ（画面とキーボードのつなぎ目）部分にカメラがついている場合、相手を上から見下ろすように見えて、かっこ悪い。ヒンジ部分にカメラがついているノート PC はなるべく選びたくない。

 ヒンジのカメラの代わりに、三脚の Web カメラ！

　外付けの Web カメラを使い、程よい高さに設置しよう。モニターの上に Web カメラをかぶせ、「ノート PC スタンド」で PC のカメラを目線の位置にするとよいだろう。

　高さが調節できるミニ三脚に Web カメラをつけ、ノート PC の後ろに配置するのもよいだろう。

Zoom の音質を改善する！

「Zoom」の場合、音を聞き取りやすくするための「オーディオ機能」[※] が最初から搭載されていて、安価なマイクでも大丈夫なようになっている。しかし、マイクとの相性によってはそれらの機能が音質を悪くすることがある。

その場合は、「オリジナルサウンドを有効化する」ことでマイクからの音をそのまま使用することができるようになる。

Zoom の「設定」＞「オーディオ」＞「音楽とプロフェッショナル　オーディオ」セクションで、「『マイクからオリジナルサウンドを有効にする』ミーティング内オプションを表示する」をオンにする、という手順だ。

「あなたの話す声の音質が悪い」と面接官に言われた場合は、「オリジナルサウンドを有効化する」ことを試してみよう。

※ Web 会議で起こる山びこのような音（エコー）を除去したり、会話以外の空調の音などの余計な雑音（バックグラウンド　ノイズ）を除去したりする機能。「オーディオ機能」は音をカットしているので、たとえば、楽器の Web レッスンでは、ある音域の音がカットされてしまい、相手に正しく伝えることができないというデメリットがある。楽器の Web レッスンでは「オリジナルサウンドを有効化する」ことで楽器の音をそのまま伝えられる。

Teams の音質を改善する！

「Teams」で、こちらの話す声の音質が悪いと面接官に言われた場合は、「ノイズ除去機能」を試してみよう。ノイズ除去を有効化すると、インターホンの音などの生活音、キーボード音やノートをめくる音もカットされるが、自分が話す声は相手にはっきり聞こえるようになる。

Teams の「設定」＞「デバイス」＞「ノイズ抑制」[※] で、「高」を選択すると、ノイズキャンセリングが有効になる。

※「ノイズ抑制」には、自動（既定値）・高・低・オフの 4 種類がある。

Web 面接の練習をして音質・画質を確認！

Zoom や Teams の設定でとまどうと悪印象になる！

Zoom や Teams を使いこなすと、優秀な印象に！

面接官から、「あなたの声が聞こえづらいですね」と言われた時に、「では、設定を変えてみます」と返事をして、すぐに「Zoom」や「Teams」の設定を直して音質を改善すれば、「電子機器に詳しい」「優秀」という印象を面接官に与えることができる。

逆に、**設定の変更方法がわからず手間取ると、「大学で使っているのに、電子機器に詳しくない」「優秀ではない」という印象を面接官に与えることになる。**また、音質を改善できないと、動揺して Web 面接で力を発揮できないかもしれない。「Zoom」や「Teams」の設定についてはある程度学んでおいたほうがよい。

友達と Web 面接の練習をして画質・音質を確認！

「Zoom」や「Teams」は大学の授業で使っているから大丈夫と油断しないほうがよい。大学の授業だと聞いているだけで、時々、質問に答える程度でしか使っていないことが多い。また、とりあえず自分の顔が映っていればよいという程度でしか使っていないことが多い。

自分の顔をよりきれいに見せる映し方や自分の声がよりはっきり聞こえるマイクの使い方などを意識してこなかった人が少なくないだろう。

練習として、「Zoom」や「Teams」で友達と一対一で、Web 面接の練習を何度かしてみるとよいだろう。お互いに改善したほうがよい点を指摘しあえばよい。そうすれば、カメラの角度はどうすべきか、照明はどうすべきかなどが、わかってくることだろう。

自分一人で「Zoom」や「Teams」を使い、確認するのも手だ。たとえば、「Zoom」なら「テスト ミーティング」というのでできる。

Web面接の音声や画像は、通信速度が重要！

通信速度が遅いと音声や映像が乱れたり、通信が遮断されたりする。Web面接をスムーズにおこなうには、10〜30Mbps程度の通信速度があればよいだろう。Wi-Fiの通信速度に問題がある場合は有線LANを使用したほうがよい。

特定の時間帯に通信速度が遅くなることがあるが、その地域で利用者が非常に多いことが考えられる。通信速度を計測できるサイトで、速度を計測しておこう。そうしたサイトは「インターネット速度テスト」で検索すれば見つかる。

契約している通信業者が混雑しているとわかった場合は、他の業者へ変更するのが手だ。しかし、すぐに変更できない場合は、通信速度が遅くなる時間帯を避けて、Web面接の時間を予約するとよいだろう。

登録者名やプロフィール画像は適切なものに！

「Zoom」や「Teams」などのWeb会議システムの登録者名が変なニックネームになっていたり、プロフィール画像が変な写真になっていたりしないだろうか。その場合は、本名に直し、きちんとした写真を登録しなおそう。

ストップウォッチ付きの腕時計を用意！

Web面接でも「自己PRを1分間で話してください」などと言われることがある。ストップウォッチ付きの腕時計を用意しておこう。ただし、腕時計のアラーム設定は止めておくように。

Web面接開始時刻の10分前にはアクセスしておく！

Web面接開始時刻の10分前には、Web面接のシステムにアクセスしておこう。座る位置や照明の明るさ、カメラ、マイクなどのチェックもしておこう。

8章のまとめ

大学のオンライン授業で「Zoom」や「Teams」を使っているから大丈夫と油断しないほうがよい。大学の授業だと教授の話を聞くだけ、自分の顔が映ってさえいればよいという程度でしか使っていないことが少なくない。

画質や音質をよい状態にする設定などを事前に学んでおこう。

大学とは違うシステムを Web 面接で使う企業もある。その場合は、そのシステムについて事前に学んでおこう。

「Zoom」や「Teams」で友達と Web 面接の練習を何度かしてみるとよいのですよね。

練習の時、録画すると振り返りができてよいですよね。

友達との練習で録画はよい手だ。

しかし、振り返りをしたいからと、実際の Web 面接で録画をするのはやめておこう。非常識と思われ、マイナス評価になる。

許可を求めても、許可されることはないだろう。

9章

面接ワークシート！

面接ワークシートで、面接のどんな質問も大丈夫！

「面接ワークシート」とは何ですか？
「自己分析」とはどう違うのですか？

「面接ワークシート」では、面接で頻出する質問を紹介する。質問の意図、どう回答すべきかまで解説する。解説を参考に自分なりの回答を作成してほしい（正解がすでに決まっているものもある）。

インターンシップイベントやインターンに参加してから、「面接ワークシート」を埋めるのが基本だ。
まずは、インターンシップイベント、インターン、OB・OG訪問、会社説明会などにどんどん行ってほしい。

ただし、「面接ワークシート」は自力でやらない。人事担当者や社員、OB・OGが話す内容をもとに埋めるのだ。

自己分析は就活の最初にやるものですよね。自己分析が終わらないので、就活を始めるのが遅くなることが多いですけど、その点も全然違うのですね！

面接で頻出する質問を紹介！

回答作成は就活の最初にはやらない！ 自力でやらない！

面接で頻出する質問の回答を作成！

この章は「面接ワークシート」で構成されている。

「面接ワークシート」では、面接で頻出する質問を紹介する。その質問の意図や、どう考えて回答すべきかまで解説する。

面接ワークシートは就活対策の最初にはやらない！

まずは、面接ワークシートの頻出質問、その質問の意図を読んでほしい。ただし、面接ワークシートは就活対策の最初に回答を作成しなくてよい。

インターンシップイベントやインターンに参加してから、面接ワークシートを埋めていくのが基本だ。

面接ワークシートは3年生の夏休み終了までに終えておくのが、一つの目安だ。人によっては、3年生の11月末までに終えるのでもよい。

なるべく早い段階から、インターンシップイベント、インターン、OB・OG訪問、会社説明会などにどんどん行ってほしい。

面接ワークシートは自力でやらない！

そして、面接ワークシートは自力でやらなくてよい。

面接ワークシートは、インターンシップイベント、インターン、会社説明会などで人事担当者や社員が話す内容をもとに埋めていけばよい。

または、リクルーターやOB・OGと話す時、説明会終了時に、面接ワークシートの質問をし、回答を埋めていく。インターンの選考のための面接での質疑応答や逆面接（逆質問）をもとに埋めていく。

面接ワークシートの使い方

①本書の「面接ワークシート」は面接で頻出する質問を紹介している。まず、解説を読む。最初、回答は作らない。

②次に、インターンシップイベント、インターンに参加する。リクルーターやOB・OGと話をする。説明会やインターン選考のための面接に参加する。そうした後に「面接ワークシート」の回答を作る。業界地図、業界研究本を参考にして、回答を作ってもよい。

③「面接ワークシート」の回答を覚える。回答を覚えたら、スマホで動画を撮影し、声に出して練習してみる。動画では適切な速さで話しているか、気持ちがこもった話し方をしているかをチェックする。想定している回答時間よりも、極端に短かったり、極端に長かったりしないようにする。

④リクルーターやOB・OGから、新しい情報を聞き、実際の面接を経験したら、必要に応じて、「面接ワークシート」の回答を修正する（ただし、前の回答は消さずに残しておく）。

● 「面接ワークシート」は1分間250字が基本！

　聞き手が最も話の内容を理解しやすい速度は、1分間に300字のペースだ。

　用意した文章ではなく、考えながら話している感じにするならば、さらに量を減らす。それが1分間に250文字のペースだ。

　文と文の間に適度に間を空けて話すとよい。

　本書の「面接ワークシート」では、1分間に250字のペースを基本に書くように設定している。3分間であれば750字、30秒であれば125字に設定している。

「この業界の課題（問題点）は何だと思いますか？ それはどうすれば改善できると思いますか？」

■解説

「業界の課題（問題点）と改善策」や「業界の推移」はどの業界でもよく聞かれる質問だ。

「この業界は今後どう推移すると思いますか？」や「この業界が生き残る（成長する）ためにはどうすればよいと思いますか？」も似た質問だ。

この手の質問は業界研究をしていないと答えられない。業界研究本を読み、ネットで「●●業界　課題　解決（改善）」「●●業界　今後の動向」などで検索して、ヒットしたサイトを見てみるとよい。

その上で、リクルーターやOB・OG訪問で、社員に質問をして回答を手に入れてみよう。「この業界の課題は何だと思われますか？」→「その課題はどのようにすれば解決するのでしょうか？」のような質問の仕方がよい。

業界研究本やネットで調べたことを交えて質問するとさらによい。仮に、自動車業界を志望していれば、「環境問題解決のため、世界各国では電気自動車（EV）への移行が進んでいて、ガソリン自動車を販売しない方向に進んでいると業界研究本に書かれていましたが、やはり自動車業界ではこのことが最大の課題なのでしょうか？」などと質問する。すると、社員も答えやすくなり、「その通り。当社も電気自動車に力を入れることがその解決策だと思っていて、いろいろな取り組みをしている」などと答えてくれる。企業によっては「当社は電気自動車とは違うことに力を入れている」と答えるかもしれない。さらに、「具体的にはどんな取り組みなのですか？」などと深掘りする。すると、解決策が詳しくわかる。

このように社員に質問すれば、本やネットでは手に入らない最新の状況がつかめ、最良の回答が手に入る。

■ワークシート（回答）を作成しよう

志望する業界ごとに、この質問の回答を250字程度（約1分間分）で書こう。

■**志望業界①**（　　　　　　　　　　　　）**業界**

															20
															40
															60
															80
															100
															120
															140
															160
															180
															200
															220
															240
															260
															280
															300

■**志望業界②**（　　　　　　　　　　　　）**業界**

															20
															40
															60
															80
															100
															120
															140
															160
															180
															200
															220
															240
															260
															280
															300

「当社の強み・弱みは何だと思いますか？」

　同じ業界で数社受けることが多いが、それぞれの企業の特徴・強みを把握した上で、説明することが必要だ。

　しかし、Ａ社の強み・弱みはＡ社だけを調べてもわからない。同業のＢ社、Ｃ社を調べて比較することで、Ａ社の強み・弱みがはっきりとわかるのだ。

　こうして調べておけば、Ｂ社やＣ社でも同様の質問に答えるのは簡単だ。

　こうしたことはリクルーター、ＯＢ・ＯＧ、人事などに質問をし、把握するのがオススメだ。社員への質問としては、「同業他社と比べて、御社の強みは何でしょうか？」「弱みはどこでしょうか？」「同業他社に劣っている所はどこでしょうか？」のように聞く。出てきた答えに対しても「その強みはなぜ生まれたのですか？」「弱みを解消するためにどのような試みをしているのですか？」のような深掘りをするとよい。

　また、「同業他社のＢ社のほうが強い所はどこでしょうか？」のように、同業他社の質問をすることで、その会社との差を理解するのも手だ。

　他社の話を好まない社員もいるので、そう感じたら、他社の質問はそれ以上しないようにしよう。

　この質問の答えは、たんに「御社の強みはこれ、弱みはこれです」で終わってはいけない。「御社のこの強みにこのように魅力を感じ、志望しました」とまでつなげてほしい。そうすれば、同業他社のＢ社でもなく、Ｃ社でもなく、Ａ社を志望する理由を言うことができるのだ。

　「当社のよい所と、他社より劣っている所は何だと思いますか？」「同業界の中でなぜ当社を選ぶのですか？」は似た質問だ。

■ワークシート（回答）を作成しよう

　志望する業界ごとに、この質問の回答を250文字程度（約1分間分）で書こう。

■志望業界① （　　　　　　　　　　　）業界

																	20
																	40
																	60
																	80
																	100
																	120
																	140
																	160
																	180
																	200
																	220
																	240
																	260
																	280
																	300

■志望業界② （　　　　　　　　　　　）業界

																	20
																	40
																	60
																	80
																	100
																	120
																	140
																	160
																	180
																	200
																	220
																	240
																	260
																	280
																	300

「当社の事業内容を子供やお年寄りにもわかるように説明してください」

■解説

　その企業の事業内容を理解していれば答えられる質問だが、専門用語を使わずにわかりやすく説明するので、本質的な理解ができていることが求められる。

　その企業のサイトを見れば事業内容は載っているし、インターン、会社説明会でも人事担当者が説明してくれる。

　なんとなくしか理解していない専門用語などは、ネットなどで調べておくことだ。それでも、わかりやすい説明ができない時は、リクルーターや OB・OG に教えてもらうとよいだろう。

■ワークシート（回答）を作成しよう

　志望する業界ごとに、この質問の回答を250字程度（約1分間分）で書こう。

インターンや会社説明会で人事担当者が事業内容をわかりやすく説明している。それをメモしよう。それは答えそのものだ。

■志望業界① （　　　　　　　　　　　）業界

	20
	40
	60
	80
	100
	120
	140
	160
	180
	200
	220
	240
	260
	280
	300

■志望業界② （　　　　　　　　　　　）業界

	20
	40
	60
	80
	100
	120
	140
	160
	180
	200
	220
	240
	260
	280
	300

「うちの会社説明会（インターン）に参加した感想を教えてください」

インターンや会社説明会で話した内容の確認をする質問だ。答えられなければ、志望度が低いとマイナス評価をされる。

インターンや会社説明会に参加する時は必ずメモを取るべきだ。しかも、現場の社員が話す場合は、社員の名前、職種までメモしておくとよい。「営業職の佐藤さんはこういう話をした」とメモを取っておく。面接に行く前に、そうしたメモを読み返しておく。企業の会社案内やサイトを見返しておく。こうするだけで、この手の質問にはほぼ答えられる。

「この職種ってどういう仕事だと思いますか？」もよく聞かれる質問だ。インターンや会社説明会では、「この職種はこういう仕事内容だ。こういうやりがい、こういう大変さがある」ということを説明している。それをメモしておき、面接前に読み返し、言えばよいだけだ。

「当社の●●職の1日の仕事の流れについて説明してください」「当社の●●職と●●職の違いについて説明してください」「この業界に関する専門知識のクイズを数問出すので答えてください」という質問がされることもある。たいていはインターンや会社説明会で説明したことを改めて質問しているだけだ。

「当社の印象は？」という質問もある。インターンや会社説明会で聞いた内容を最初に挙げて、感想を言えばよいだけだ。

■ワークシート（回答）を作成しよう

志望する業界ごとに、この質問の回答を250字程度（約1分間分）で書こう。

■志望業界① （　　　　　　　　　　）業界

																20
																40
																60
																80
																100
																120
																140
																160
																180
																200
																220
																240
																260
																280
																300

■志望業界② （　　　　　　　　　　）業界

																20
																40
																60
																80
																100
																120
																140
																160
																180
																200
																220
																240
																260
																280
																300

「ChatGPT（生成AI）を何に使いたいですか？」

■解説

　新しいテクノロジー、新しいツールはすぐに使ってみることだ。それがビジネスにどう活用できるか、どう日々の生活が便利になるかを調べ、自分でも考えることだ。

　本書に挙げた面接の質問に対して、ChatGPTを活用して回答を作ってみても面白いだろう。ChatGPTをどう使えば、自分の納得いく回答が出てくるか試行錯誤してみよう。

　IT業界であれば、この質問一つで新しいテクノロジーに対する感度がわかるので、当分の間、必ず聞かれる質問だ。IT業界以外でも、この質問をする企業は多いだろう。

　リクルーターやOB・OGに「ChatGPT（生成AI）を仕事においてどのように使いたいですか？」と聞くと、その企業の社員のテクノロジーに対する感度がわかる。

　また、最終面接で社長や役員にも同じく質問してみるとよいだろう。社長や役員が明確に答えられたならば、将来もその企業は成功し続ける可能性が高いだろう。

■ワークシート（回答）を作成しよう

　この質問の回答を500字程度（約2分間分）で書こう。

																		20
																		40
																		60
																		80
																		100
																		120
																		140
																		160
																		180
																		200
																		220
																		240
																		260
																		280
																		300
																		320
																		340
																		360
																		380
																		400
																		420
																		440
																		460
																		480
																		500
																		520
																		540
																		560
																		580
																		600

9章 面接ワークシート！

「最近、気になるニュースは何ですか？」

■解説

　その業界と関係のないニュースを答えると、「この業界に関わる大きなニュースが最近あったので、説明してください」と質問されることもある。

　よって、その業界に関わるニュースがあるならば、それを答えた方がよい。面接に行く前に日本経済新聞のサイトで「●●業界」や面接に行く企業名「株式会社●●」などで検索してチェックしておくとよい。

　記事を読んでも、なかなか理解できない時は、リクルーターやOB・OGに解説してもらうとよい。キャリアセンターの職員に解説してもらうのも手だ。

　基礎知識は『日経キーワード』『朝日キーワード』『朝日キーワード就職』などが毎年出ているので、最新版を読んでおくとよいだろう。

　就活をするのであれば、日本経済新聞を読む習慣を身につけるとよい。

「今朝の日本経済新聞の一面は何のニュースでしたか？」 という質問が来ることもある。「私は別の新聞でして」と答えると、「社会人になろうというのであれば、日本経済新聞を読むのは常識だよ」と発言する面接官もいるくらいだ。

　スマホで読める日経電子版が学生は始めやすいだろう。

　テレビ東京系の経済ニュース番組「ワールドビジネスサテライト（WBS）」を見るのもオススメする。

「日経平均株価は今いくら？」「対ドル円レートは今いくら？」「現在の日本の首相のフルネームは？」 という質問もよくある。答えられるようにしておこう。

　上場している企業の場合、「当社の今朝の株価は？」 といった質問が来ることもある。やはり答えられるようにしておこう。

■ワークシート（回答）を作成しよう

　志望する業界ごとに、この質問の回答を250字程度（約1分間分）で書こう。

　1〜2ヵ月ごとに書き直すとよい。

■志望業界① （   ）業界

20
40
60
80
100
120
140
160
180
200
220
240
260
280
300

■志望業界② （   ）業界

20
40
60
80
100
120
140
160
180
200
220
240
260
280
300

【経済・政治・国際情勢に関する質問】

　以下のような、経済や政治、国際情勢に関する質問も面接で投げかけられることがある。

「日本経済の問題点は何だと思いますか？」

「日本経済が成長するにはどうすればよいと思いますか？」

「日本の財政赤字はどのくらいの額ですか？　日本の財政赤字についてどう思いますか？」

「日本はアジアの中でどういった役割をすべきだと思いますか？」

「原子力発電所についてどう思いますか？」

「環境問題（地球温暖化）についてどう思いますか？」

「日本の与党についてどう思いますか？」

「現在の日本の首相のリーダーシップについてどう思いますか？」

　ニュースだけでなく、専門の書籍などで知識を得ていないと答えづらい問題だ。そもそも、新聞の解説も不正確なことが時々ある。

　嘉悦大学　教授の髙橋洋一氏の『たった１つの図でわかる！【図解】新・経済学入門』（あさ出版）は最初に読む経済学の本としてはオススメだ。髙橋洋一氏の書籍は全般的にわかりやすく、正確なのでオススメだ。

　YouTube でも経済学を学べるチャンネルがある。

　たとえば、先に紹介した髙橋洋一氏が運営している「髙橋洋一チャンネル」は、経済・政治・国際情勢について解説している。

　山口大学　准教授の加藤真也氏が運営している「はじめよう経済学」チャンネルは、経済学をわかりやすく説明している。

　元・大阪大学大学院　准教授の中川功一氏が運営している「中川先生のやさしいビジネス研究」チャンネルは、経営学がメインだが、経済学もわかりやすく説明している。

　池上彰氏の書籍を読む人もいるが、専門的に正確に解説している書籍ではないので、面接には対応できないだろう。

質問 「当社の看板商品（主力のサービス）の改善点を挙げてください」

■解説

　看板商品や主力のサービスについてはよくある質問だ。その企業の商品・サービスを使ったことがあり、同業他社の商品・サービスについても差を語れると強い。たとえば、食品メーカーでは自社商品を食べたことがあり、詳しいとプラス評価になる。他社商品との差について語れるとさらによい。

　たとえば、グリコの看板商品のポッキーの欠点を知るために、ネットで「お菓子　ポッキー　きらい」などと検索してみると、「夏にポッキーのチョコの部分が溶けてしまう点がきらいだ。遠足の時に溶けて、手がベトベトになって困った」という意見があったとする。

　その欠点を改善する案を考える。「日本も30度以上の日が増えたから、ポッキーは溶けないチョコにしては？　または、遠足では、弁当箱のように、保冷剤付きのお菓子箱に入れることにしたら？　ポッキーの箱に抽選券のQRコードをつけ、保冷剤付きのお菓子箱が当たるようにしたら？」などいろいろ考えることができる。

　そもそも、「ポッキーの競合商品は何か？」を調べると、「ロッテのトッポ（プレッツェルのパイプの中にチョコが詰められている）」などがある。こうした競合商品をさらに調べて語れば、説得力が増す。

　「うちの会社の新商品（新サービス）で一番売れたもの、一番売れなかったものはどれだと思いますか？　その理由も挙げてください」といった質問をされることもある。新商品・新サービスに関する質問もよくあるので、新商品・新サービスも必ずチェックしよう。

　「あなたが愛用している当社の商品（サービス）は何ですか？　その理由も挙げてください」「当社の商品で思い入れがあるものについてプレゼンしてください」「当社の商品名をできるだけ多く挙げてください」なども似た質問だ。

百貨店、衣料品店、ハウスメーカーの場合、「当社の店舗（モデルハウス）に行ったことがありますか？　感想を教えてください」という質問がよくある。

百貨店、衣料品店などはなるべく多くの自社店舗を見ていることがプラス評価になる。ハウスメーカーの場合も、自社のモデルハウスを多く見ていることはプラス評価になる。

また、他社の店舗も話題になっている所は見ておいた方がよい。

たんに見るだけでなく、気がついた点はメモを取る。そのメモを面接前に見返しておく。

会社としての店舗見学をさせてもらえる場合は、バックヤードもしっかりと見る。そうでなければ、トイレを使う。衣料品店ではトイレはバックヤードの方にあることが多い。また、売り場がきれいでも、トイレが古い・汚い・壊れている、という点があれば顧客の印象は悪くなるので、メモをしておく。

■ワークシート（回答）を作成しよう

志望する業界ごとに、この質問の回答を250字程度（約1分間分）で書こう。

志望企業の商品・サービスや店舗はチェックしておくとよいのね。

■志望業界① （　　　　　　　　　　　　）業界

																		20
																		40
																		60
																		80
																		100
																		120
																		140
																		160
																		180
																		200
																		220
																		240
																		260
																		280
																		300

■志望業界② （　　　　　　　　　　　　）業界

																		20
																		40
																		60
																		80
																		100
																		120
																		140
																		160
																		180
																		200
																		220
																		240
																		260
																		280
																		300

9章 面接ワークシート！

「当社の新商品（新サービス）を今すぐ考えてください」

■解説

　商品企画の職種であれば、「新商品（新サービス）を今すぐ考えてください」といった質問はよくされる。**「1分さしあげますので、その間に企画を考えて発表してください」**も似た質問だ。

　全くのゼロから即座に考えるのは大変だ。事前に、既存商品のよい所、悪い所を分析し、よい所を伸ばしたり、悪い所を改善したりして、新商品（新サービス）を考えておくとよい。

　「当社の看板商品（主力のサービス）の改善点を挙げてください」の質問のページで、夏にポッキーが溶けてベトベトになるということを書いたが、溶けないチョコを使うというのは悪い所を改善する案になる。そういった着眼点から新商品（新サービス）を考えてもよいだろう。

　テレビ局や出版社では、新しい番組の企画、新しい書籍や雑誌の企画をすぐに出してくださいと、面接で言われることが多い。
「企画がやりたいなら、常に考えて、企画を持っているはずです。今すぐ企画を5本出してください」と言われることさえある。質だけでなく、量をスピーディーに出せることも必要なのだ。

　その企画は今までにない新しい企画であることは大事だが、それがヒットする理由も言えるようにしておかなくてはいけない。

■ワークシート（回答）を作成しよう

　志望する業界ごとに、この質問の回答を250文字程度（約1分間分）で書こう。

■志望業界① （　　　　　　　　　　　　　　） 業界

20
40
60
80
100
120
140
160
180
200
220
240
260
280
300

■志望業界② （　　　　　　　　　　　　　　） 業界

20
40
60
80
100
120
140
160
180
200
220
240
260
280
300

「当社の売り上げを拡大するにはどうすればよいと思いますか？」

■解説

　これはケース面接といわれる質問だ。ケース面接は、コンサルティングの現場で向き合うような課題の解決力があるかを問う面接だ。もともとコンサルティング業界の面接で使われていたが、最近ではそれ以外の業界の面接でも使われるようになっている。

　自社の売り上げを増やすにはどうするかという課題や、自社とは別の業界の売り上げを増やすにはどうするかという課題が出ることが多い。

　自社の売り上げを増やす質問の場合は、面接官自身がケース面接とは捉えずに質問していることもあるが、ケース面接の考え方で答えれば、納得のいく回答になる。

　ケース面接について解説した書籍が出ているので、読んでおくことをオススメする。

　初心者には以下の3冊がよいだろう。

・『東大生が書いた　問題を解く力を鍛えるケース問題ノート』（東大ケーススタディ研究会著　東洋経済新報社）

・『現役東大生が書いた　地頭を鍛えるフェルミ推定ノート』（東大ケーススタディ研究会著　東洋経済新報社）

・『過去問で鍛える地頭力　外資系コンサルの面接試験問題』（大石哲之著　東洋経済新報社）

　ある程度慣れてきたら、以下もよいだろう。

・『戦略コンサルティング・ファームの面接試験 新版』（マーク・コゼンティーノ著　辻谷一美訳　ダイヤモンド社）

■ワークシート（回答）を作成しよう

　この質問の回答を500字程度（約2分間分）で書こう。

■回答

																20
																40
																60
																80
																100
																120
																140
																160
																180
																200
																220
																240
																260
																280
																300
																320
																340
																360
																380
																400
																420
																440
																460
																480
																500
																520
																540
																560
																580
																600

9章　面接ワークシート！

「リーダーシップとは何だと思いますか？」

■解説

似た質問に「理想の上司とはどのような人物か？」がある。

「リーダーシップ」や「理想の上司」は部活やサークルでリーダーをした経験があれば、それなりに答えられるかもしれない。しかし、実は、**経営学に基づいた答えが求められる質問だ**。その方がより良い評価をされる。

経営学に基づいた答えが求められる質問でよくあるものとしては、「企業に必要な三要素は何でしょうか？」「顧客満足に必要な三要素は何でしょうか？」「新規事業に必要なものを3つ挙げてください」などだ。

経営学の入門書を、就活対策を機に読み始めるとよいだろう。愛読書を聞かれた時にも役立つだろうし、面接の受け答えにも役に立つ。

元・大阪大学大学院　准教授の中川功一氏の書籍はわかりやすく、『ど素人でもわかる経営学の本』（翔泳社）などは最初に読むのによいだろう。

ほかに、『経営学入門』（榊原清則著　日経BPマーケティング）は上下2冊の新書なので、持ち運びもしやすく、比較的読みやすいだろう。

YouTubeでも経営学を学べるチャンネルがある。たとえば、先に紹介した書籍の著者である中川功一氏が運営している「中川先生のやさしいビジネス研究」チャンネルは、経営学をわかりやすく説明している。

■ワークシート（回答）を作成しよう

この質問の回答を250文字程度（約1分間分）で書く。

※「企業に必要な三要素は何でしょうか？」「顧客満足に必要な三要素は何でしょうか？」「新規事業に必要なものを3つ挙げてください」に関しては次のページで簡単に説明するが、詳しくは書籍、ネットで調べておこう。

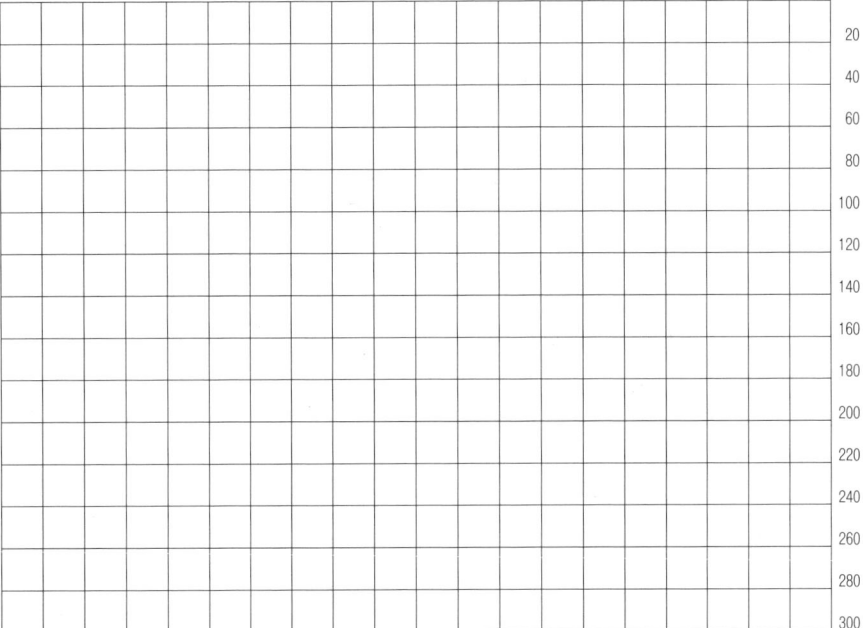

【「経営学」の教科書の説明】

　経営学の教科書では以下のように説明されることが多い。最近ではまた違った切り口の説明もされることがある。詳細は書籍、ネットで調べてほしい。

●企業に必要な三要素は人、物、金。「経営の三要素」と言われる。

●顧客満足に必要な三要素は商品、サービス、店舗。これらは「顧客満足の旧三原則」と言われる。このほかに「顧客満足の新三原則」もある。

●新規事業に必要なものは3C分析と言われ、具体的には、「顧客・市場（Customer）」、「競合（Competitor）」、「自社（Company）」の3つを分析すること。

●リーダーに求められる重要な役割は「メンバーに目標を与え、仕事を割り振り、必要な情報を提供する」「職場における人間関係の調整」の2つと言われている。

「尊敬する人は誰ですか？　その理由は？」

■解説

　自分の父、母、小中高の先生、などを挙げるのは視野が狭いと思われそうだ。

　過去の有名な経営者や歴史上の人物などを挙げるのが無難だ。パナソニック（旧松下電器産業）の創業者である松下幸之助、ソニー創業者の一人である盛田昭夫、本田技研工業の創業者である本田宗一郎、京セラの創業者である稲盛和夫などが無難だろう。

　理由としては、これらの経営者の著作や伝記を読んでこういった点で感銘を受けたから、とでも言えばよいだろう。著作や伝記にあった印象的なエピソードなどを1つ、2つ挙げればよい。

　経営者の著作や伝記を読んでいると言えば、もともとビジネスに関心があるということでプラス評価につながる。

　また、経営者の著作や伝記などを読んでおくと、面接の話のネタになり、盛り上がりやすい。また、読んでおけば、愛読書を聞かれた時も答えやすくなる。

　現在活躍中の経営者や政治家を挙げると、何らかのスキャンダルが発覚したり、経営不振になったりした場合、尊敬しているとは言いづらくなることがある。

■ワークシート（回答）を作成しよう

　この質問の回答を250文字程度（約1分間分）で書こう。

■回答

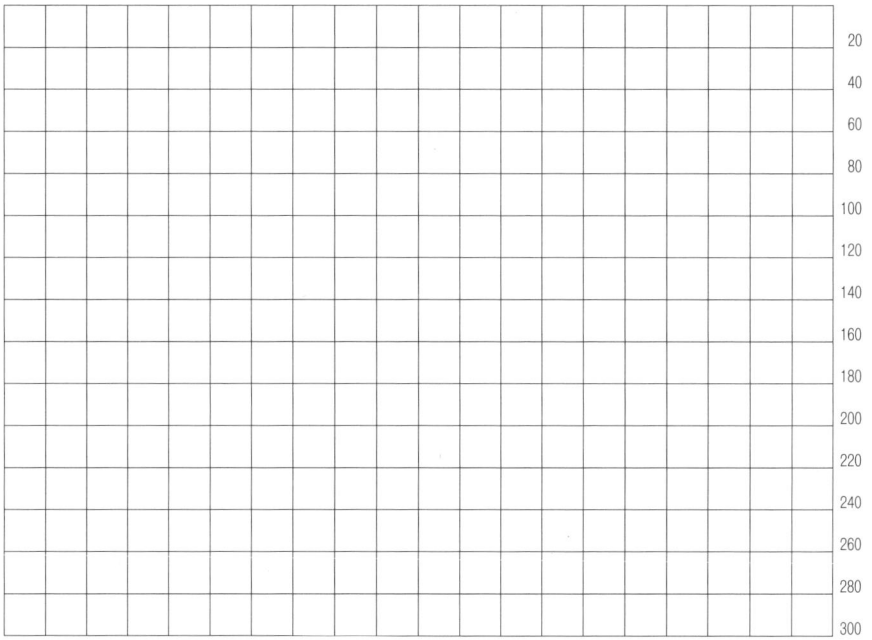

(右側の数値: 20 / 40 / 60 / 80 / 100 / 120 / 140 / 160 / 180 / 200 / 220 / 240 / 260 / 280 / 300)

9章 面接ワークシート！

【「尊敬する人は誰ですか？」は NG な質問】

　尊敬する人を聞くことは、「就職差別」につながる「不適切な質問」として厚生労働省が質問しないように指導している。尊敬する人物は「思想・信条」に関わることであり、「採否の判断基準とすることは、憲法上の『思想の自由』、『信教の自由』などの精神に反する。採用選考に持ち込まないようにすることが必要」だと厚生労働省はしている。

　たとえば、「尊敬する人は誰ですか？」という質問に、学生が「新興宗教●●教の教祖を尊敬しています。教祖は世界を救うために、大きな事件をおこし逮捕されました。自らを犠牲にして世界を救ってくれたので、大変尊敬しています」と答え、その面接で落とされると、「思想・信条を理由に落とした」ということになり、大きな問題になってしまう。

　この質問をする企業があれば、「ここの人事担当者は不勉強だな」と思えばよい。いちいち「それは不適切な質問です」と言う必要もない。無難な答えを用意しておき、さっと回答すればよい。

「最近、感銘を受けた本について詳しく説明してください」

■解説

「愛読書は何ですか？」「最近読んだ本を5冊挙げてください。その中で一番面白かったのはどれですか？　相手が読みたいと思うように、どこが面白かったかを説明してください」なども似た質問だ。

本に関しては、業界を問わずよく質問される。ふだん本を読まない人は、就活対策を始めた時から、有名経営者の著作や伝記、ビジネス書を読むとよいだろう。海外のスティーブ・ジョブズ、ビル・ゲイツの著作もよいだろうし、イーロン・マスクについて書かれた本もよいだろう。ただし、年配の社長や役員には書名や著者名がピンとこないかもしれないので、日本の有名経営者の本も読んでおいたほうが無難だ。「最近読んだ本を5冊挙げてください」と言われることもあるので、5冊くらいは読んでおこう。

出版社では「好きな本は？」「好きな作家は？」「好きな雑誌は？」、映画会社では「どんな映画を見ますか？」、テレビ局や番組制作会社では「最近見たテレビドラマで好きなものは？」、音楽業界では「どんな音楽を聞きますか？」「好きなアーティストは？」といった質問が必ずされる。好きな理由まで説明しよう。

【「愛読書は何ですか？」はNGな質問】

　愛読書や購読している新聞や雑誌については、「不適切な質問」として厚生労働省が質問しないように指導している。たとえば、「愛読書は、大きな事件をおこし逮捕された新興宗教●●教の教祖の著作です。●●教で発行している新聞も雑誌も購読しています」といった答えだと採用側は困ることになる。

■ワークシート（回答）を作成しよう

　回答①には、感銘を受けた本を250字程度（約1分間分）で書こう。

　回答②には、志望する業界によって、好きな作家、雑誌、映画、ドラマ、音楽、アーティストなどについて250字程度（約1分間分）で書こう。マスコミ志望でない場合は、②は回答しなくてよい。

■回答①

■回答②

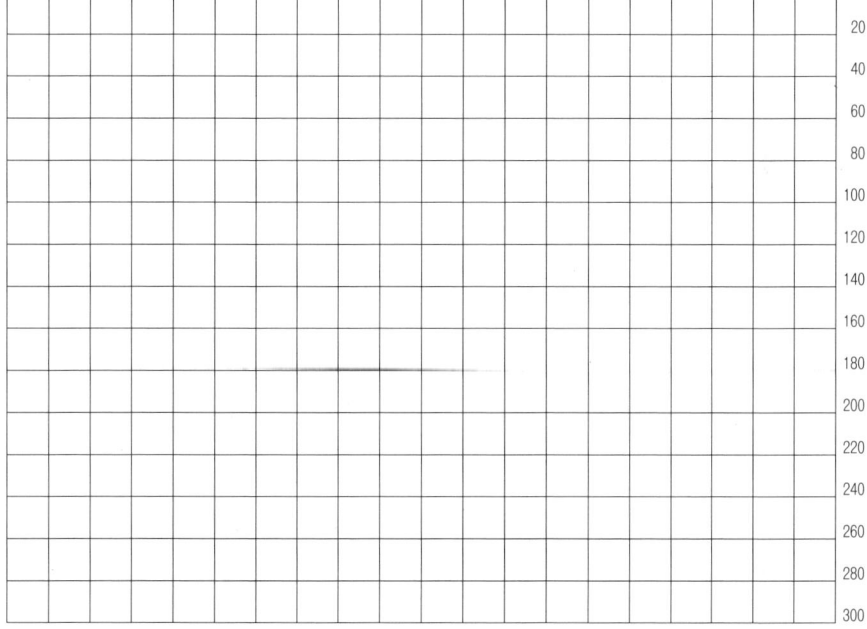

「この業界を志望する理由を教えてください」

■解説

「当社の志望動機を教えてください」という質問とは別に「この業界を志望する理由を教えてください」と聞かれることがある。志望動機では、この業界を志望する理由がはっきりと感じられなかった場合に、この質問がされることが多い。

希望職種の話はのぞき、業界の志望理由に特化して説明するとよい。個別の企業の志望理由も入れないようにする。

「他の業界ではこういうことはできない。この業界だからこそ、こういうことができる。だから、この業界を志望する」ということが伝わるようにする。

業界研究、または、社員への質問をしっかりとして、**「この業界が主にどういう事業で成り立っているのか」「業界の課題と解決策」「業界の今後の推移」が理解できていれば、業界の志望理由は上手くまとめられる。**

たとえば、業界の主な事業を最初に言い、その社会的な意義（世の中のビジネスにこのように貢献している）を言い、それをやりたいので、この業界を志望した、と言うのが1つの言い方だ。

また、業界の課題を最初に言い、その解決策を言い、解決策のこういう所で自分が学んできた学問が貢献できるので、この業界を志望した、というのも1つの言い方だ。

このように回答すれば、「ちゃんとこの業界のことを理解している。本気で志望しているな」と判断される。

■ワークシート（回答）を作成しよう

志望する業界ごとに、この質問の回答を250字程度（約1分間分）で書こう。

■志望業界① （　　　　　　　　　　　）業界

														20
														40
														60
														80
														100
														120
														140
														160
														180
														200
														220
														240
														260
														280
														300

■志望業界② （　　　　　　　　　　　）業界

														20
														40
														60
														80
														100
														120
														140
														160
														180
														200
														220
														240
														260
														280
														300

「どの職種を希望しますか？」

■解説

この質問にすぐに答えられないと、本気で志望していないと評価される。

「希望する職種は特にありません」や「どの職種でも頑張ってやります」という回答も望ましくない。

また、その学生の学部からは応募資格がない職種を回答したりすると、やはり本気で志望していないと評価される。

採用数が極端に少ない花形の職種を答えると、ハードルが相当高くなる。採用数の多い職種を答えるのが望ましいだろう。

回答する際は、「この職種を希望します」と言った後に、なぜその職種を希望するのか、その職種で具体的にどのようなことをしたいのかも回答するとよい。

希望する職種が複数ある場合は、「1番目に希望するのは●●職で、2番目に希望するのは●●職です」というように複数答えてもよい。

理工系の学生は文系職種を希望すると答えた場合、「なぜ理系分野の専門知識を活かした職種ではなく、文系職種を選ぶのですか？」という質問を重ねられるので、その回答もしっかりと練っておこう。

「この職種にはどういった能力が必要だと思いますか？」「その能力をあなたは持っていますか？」「この職種にはどういう苦労があると思いますか？」「その苦労にあなたは耐えられると思いますか？」と質問を重ねられることもあるので、回答を練っておこう。

■ワークシート（回答）を作成しよう

志望する業界ごとに、この質問の回答を250字程度（約1分間分）で書こう。

■志望業界① （　　　　　　　　　　　　　）業界

（原稿用紙マス目、右側に 20 40 60 80 100 120 140 160 180 200 220 240 260 280 300 の文字数目安）

■志望業界② （　　　　　　　　　　　　　）業界

（原稿用紙マス目、右側に 20 40 60 80 100 120 140 160 180 200 220 240 260 280 300 の文字数目安）

「入社後にやりたい仕事を教えてください」

■解説

具体的にこの部署でこういう仕事をしたいと言う必要がある。そのためには、企業研究が必要だし、なるべく多くのリクルーターやOB・OGから個々の仕事内容をしっかり聞いておく必要がある。企業サイトなどには、個々の仕事内容はあまり載っていないからだ。

リクルーターやOB・OGのあの人の仕事内容がまさにやりたい仕事だというモデルを見つけ、詳しく話を聞き、その仕事内容を文章化し、面接でやりたい仕事として言えるようにしておくとよい。もちろん、その企業で今はやっていない新しい手法を仕事に取り入れるということを、やりたいこととして言ってもよい。

この質問に対して、「御社はメセナ活動に注力しているので、芸術支援の仕事をしたいと思います」のように、**その企業の本業ではない事業や利益を出していない事業をやりたいと言うのはマイナス評価だ。**

「仕事を通して実現したい夢は何ですか？」は似た質問だ。「たくさん稼いで一軒家を建てたい」のようなプライベートなことではなく、「こういう大きな仕事をするのが夢です」とか「こういう新しい仕事をするのが夢です」という**仕事上の大きな目標を答えることを求められている。基本的には、「入社後にやりたい仕事」を答えればよい。**

■ワークシート（回答）を作成しよう

志望する業界ごとに、この質問の回答を250字程度（約1分間分）で書こう。

■志望業界① （　　　　　　　　　　　）業界

20
40
60
80
100
120
140
160
180
200
220
240
260
280
300

■志望業界② （　　　　　　　　　　　）業界

20
40
60
80
100
120
140
160
180
200
220
240
260
280
300

「当社の仕事（この職種）にはどんな大変さがあると思いますか？」

■解説

　学生が「入社後にやりたい仕事」を答えた後に、「当社の仕事（この職種）にはどんな大変さがあると思いますか？」「当社の仕事（この職種）はキツイけど大丈夫ですか？」という質問が投げかけられる時もある。

　やりたいことや仕事上の夢だけでなく、現実的なキツイ部分を理解しているのかを面接官は確認したいのだ。「こういう大変さがあると認識している」と回答しよう。さらに、「その大変さは乗り越えられる。なぜなら、大学時代にこういう経験をしたからだ」と答えるとよい。

　たとえば、「この仕事は接客の難しさがあると認識しています。しかし、私は接客の難しさを乗り越えられると考えています。なぜなら、私は大学時代にアルバイトでこのような接客をし、顧客のこのような理不尽なクレームにも対応した経験があるからです」と答えればよい。

　どの企業もなるべく大勢に応募してもらいたいので、採用ページにはキツイ部分はほぼ載せていない。

　インターンや会社説明会でもキツイ部分は説明しないか、ものすごくオブラートに包んで説明している。なので、その企業の仕事の大変さは、自力で丹念に調べないとわからないことが多い。

　リクルーターやOB・OGに「この仕事のやりがいは何ですか？」と聞いた後に、「この仕事のキツイ所は何ですか？」と聞いてみるとよいだろう。

■ワークシート（回答）を作成しよう

　志望する業界ごとに、この質問の回答を250字程度（約1分間分）で書こう。

■志望業界① （　　　　　　　　　　　　　　　） 業界

															20
															40
															60
															80
															100
															120
															140
															160
															180
															200
															220
															240
															260
															280
															300

■志望業界② （　　　　　　　　　　　　　　　） 業界

															20
															40
															60
															80
															100
															120
															140
															160
															180
															200
															220
															240
															260
															280
															300

「当社の営業は大変ですけど、大丈夫ですか？」

■解説

　営業志望の学生に「営業の仕事の大変さを本当に理解しているか？」を確認する質問だ。

　返事に間が空くか、「そんなに大変なのですか？」などと言えば、マイナス評価だ。「そんなに大変なのですか？」ということはその企業の営業職の大変さを調べていなかった、理解していなかったということなので、マイナス評価になる。

　質問に対して、「はい、大丈夫です」と即答するのが正解。「この会社の営業ではこういう大変さ、ああいう大変さがあるのは理解している」と伝え、「私はアルバイトで（サークルで）、こういうことを耐えてやり抜いたので、営業の大変さも乗り越えられます」と理由まで説明できるとよい。

　「なぜ営業をやりたいのですか？」という聞き方をしてくることもある。その場合もほぼ同じように回答すればよい。「営業にはこういうやりがいがあると感じて、志望しました。この会社の営業ではこういう大変さ、ああいう大変さがあるのは理解している。私はアルバイトで（サークルで）、こういうことを耐えてやり抜いたので、営業の大変さも乗り越えられます」というように、**やりたい理由＋大変さを理解している＋大変さを乗り越えられる理由、という流れで説明すれ**ばよい。

　「他社も営業職で受けているのですか？」と聞いてくることもある。その場合は、「はい、他社も営業で受けています」と答えて、**仕事選びの一貫性を出す。**

　営業に限らず、「**うちの会社の SE はきついけど、大丈夫？**」など違う職種でも大変さを理解しているか聞いてくることがある。回答の仕方は同じでよい。

■ワークシート（回答）を作成しよう

　志望する業界ごとに、この質問の回答を250字程度（約1分間分）で書こう。

■志望業界① (　　　　　　　　　　　) 業界

														20
														40
														60
														80
														100
														120
														140
														160
														180
														200
														220
														240
														260
														280
														300

■志望業界② (　　　　　　　　　　　) 業界

														20
														40
														60
														80
														100
														120
														140
														160
														180
														200
														220
														240
														260
														280
														300

「企業選びの基準（軸）を教えてください」

■解説

「就職活動の軸は何ですか？」も似た質問だ。

　面接官が「企業選びに一貫性を感じない。たんに大手企業ならどこでもよいと思っているのか？」と感じた時に、この質問をする。

「福利厚生・給与がよい企業を基準にしています」「大手企業・知名度がある企業を基準にしています」という回答では、入社意欲が低いと判断される。

「こういう仕事をしようと考えて企業を選んでいる。こういう仕事だと、こういう風に自分の能力を活かして貢献できると考えて、企業に応募している」とはっきり答えるとよい。

　特定の業界で統一しているわけではなく、仕事内容を基準にして受けているというのでもよい。たとえば、「こういうタイプの営業がしたいと思って企業を選んでいる」とか「統計分析の知識が使える仕事で企業を選んでいる」などでよい。

　とにかく、その説明を聞いて、「この学生はうちの会社の仕事内容を理解した上で、本気でうちの会社を志望しているな」と面接官が感じてくれればよい。

　リクルーターやOB・OGに「企業選びの基準は何？　という質問に対して、ご自分の就活の時、何と答えていましたか？」と聞いてみるとよいだろう。もしくは、「企業選びの基準は何？　という質問に対して、私は●●●●と答えようと思っているのですが、これでよいでしょうか？」のような質問の仕方でもよいだろう。

■ワークシート（回答）を作成しよう

　志望する業界ごとに、この質問の回答を250字程度（約1分間分）で書こう。

■志望業界① （　　　　　　　　　　　） 業界

												20
												40
												60
												80
												100
												120
												140
												160
												180
												200
												220
												240
												260
												280
												300

■志望業界② （　　　　　　　　　　　） 業界

												20
												40
												60
												80
												100
												120
												140
												160
												180
												200
												220
												240
												260
												280
												300

9章 面接ワークシート！

「あなたにとって仕事とは何ですか？」

■解説

これはあなたの価値観を聞く質問だが、それが企業の価値観と合わなければマイナス評価になる。

仕事をどう捉えているかは業界や企業によってビックリするくらい異なっている。ある企業にとっての正解が、別の企業での不正解というのはよくある話だ。

まずは、**その会社の価値観を知ることが重要だ。大手・中堅企業は企業理念やポリシーを自社サイトに明記している。**「仕事とはこうあるものだ」と自社サイトに明記している企業もある。それを自分なりに言い換え、自分の学生経験からなぜそうした価値観を持つようになったのかを説明すれば、回答になる。

これもリクルーターやOB・OGに「御社の仕事をする上で大事なことは何でしょうか？　仕事で大事にしている価値観は何でしょうか？」とか「仕事は何かという質問にはどう答えればよいですか？　今の自分だと●●●と答えると思うのですが」のように直接的な聞き方をするのも手だ。

似た質問として「社会人には何が一番重要だと思いますか？」がある。これも結局、その企業の価値観や理念を知り、それをアレンジして答えればよい。

ほかにも似た質問として「社会人と学生の違いは何だと思いますか？」もある。その企業の価値観や理念を遂行できるのが社会人で、そうした意識を持っていないのが学生と答えればよい。

■ワークシート（回答）を作成しよう

志望する業界ごとに、この質問の回答を250字程度（約1分間分）で書こう。

■志望業界① （　　　　　　　　　　　　　　　　）業界

																20
																40
																60
																80
																100
																120
																140
																160
																180
																200
																220
																240
																260
																280
																300

9章 面接ワークシート！

■志望業界② （　　　　　　　　　　　　　　　　）業界

																20
																40
																60
																80
																100
																120
																140
																160
																180
																200
																220
																240
																260
																280
																300

「信条としていることは何ですか？」

■解説

「あなたのモットーは何ですか？」「座右の銘は何ですか？」も似た質問だ。あなたの価値観を聞く質問だが、それが企業の価値観と合わなければマイナス評価になる。この質問も、その企業の価値観や理念を知り、それをアレンジして答えればよい。**企業のサイトや会社案内に社訓や企業理念が載っていても、実際は全然違う価値観で動いている会社というのも多い。**企業体質が真っ黒なほど、それをかくすために、社訓や企業理念に美辞麗句を並べることが多い。

これもリクルーターやOB・OGに質問をして回答を手に入れよう。「仕事をしている上での信条は何ですか？」のような質問の仕方がよいだろう。社員の信条はだいたいその会社に合ったもののことが多い。参考にするとよいだろう。「うちの会社は社訓では和を大事にするって書いているけど、実際は、社内の競争をあおる社風でね。和を第一にしますなんて面接で言ったらダメだよ。高い目標を目指すことを第一にしますっていう人が面接でプラスの評価をされるから」などと裏事情をリクルーターやOB・OGが教えてくれることもある。

協調性を大事にしている企業なら、協調性を打ち出した信条にする。仕事のスピードや即決即断を重視している企業であれば、スピードや即決即断を打ち出した信条にする。

信条は3つくらい用意しておき、企業によって使い分けるとよいだろう。

自分で考える場合は、ゼロから考えるのは大変だ。**故事成語・ことわざ・慣用句・四字熟語の辞典を1冊買って、これは自分にぴったりだし、ビジネス的にも好まれそうだというものを3つほど見つけ、企業の雰囲気によって使い分けるとよい。**

『旺文社 標準ことわざ慣用句辞典 新装新版』や『三省堂 故事ことわざ・慣用句辞典 第二版』などを使うとよい。もっとやさしく説明した小中学生向けのものも多数書店にあるので、そういったものを使ってもよい。

ネットで「ビジネス　ことわざ」「ビジネス　格言」などで検索してもよいだ

ろう。

　たとえば、**協調性を重視している企業**であれば、「私の信条は聖徳太子が述べた『和を以て貴しとなす』です。皆が相手を尊重しあい、認めあって協調することが何よりも尊いものだと考えています。どんなに素晴らしいビジネスプランがあっても、組織の和が乱れ、バラバラになってはよい成果は出ません。組織の皆が一丸となって努力してこそ、よい結果が出ます。私はサークルでも『和を以て貴しとなす』を信条として皆をまとめてきました。……」などと述べればよい。

　たとえば、**素早く実行することが求められている企業**では、「私の信条は中国の『史記』に書かれた『先んずれば人を制す』です。ビジネスにおいても、先手を取ることで勝つ可能性が高まります。後手に回っては勝ち目がうすくなります。私はサークルでも『先んずれば人を制す』の精神で……」などと述べればよい。

　信条と言うからには、その言葉（故事成語など）がどのような背景から生まれた言葉なのかも頭に入れておいた方がよい。

■ワークシート（回答）を作成しよう

　この質問の回答を250字程度（約１分間分）で３つ書こう。

私の信条は
勇猛果敢（ゆうもうかかん）です。

■回答①

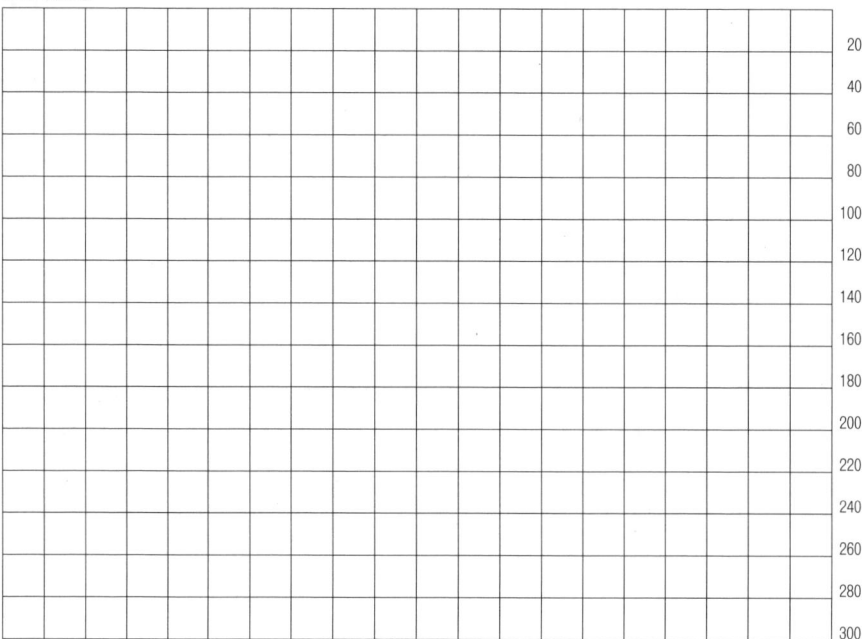

20
40
60
80
100
120
140
160
180
200
220
240
260
280
300

■回答②

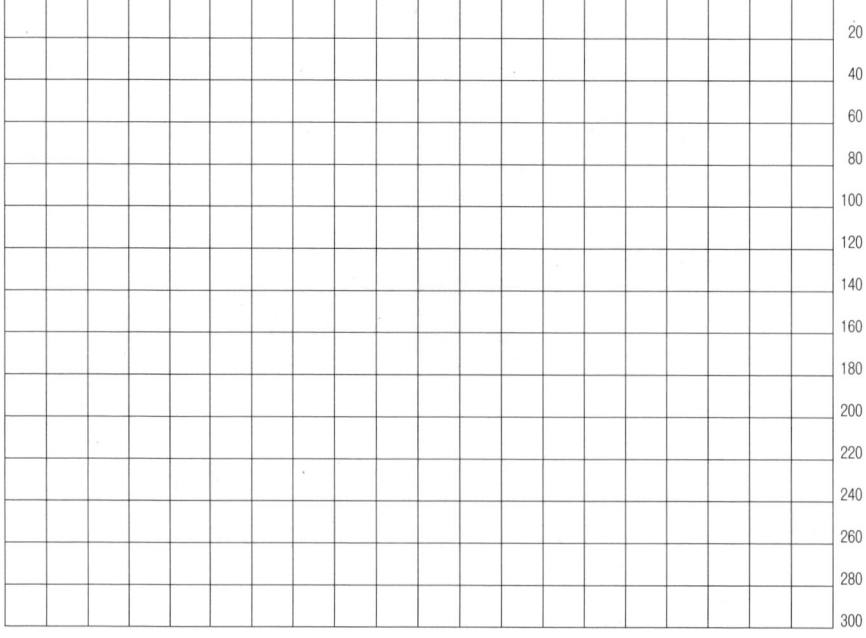

20
40
60
80
100
120
140
160
180
200
220
240
260
280
300

■回答③

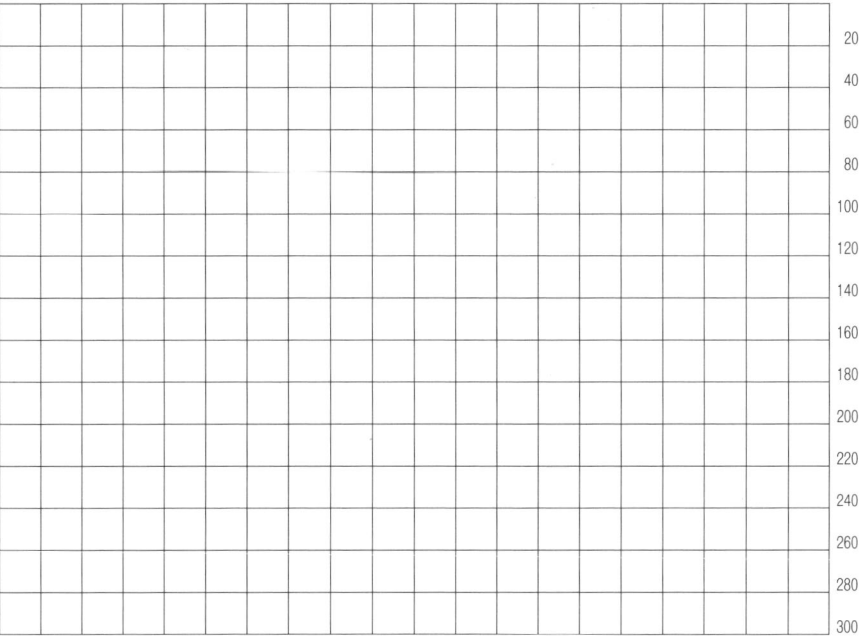

20
40
60
80
100
120
140
160
180
200
220
240
260
280
300

【「信条としていることは何ですか？」は NG な質問】

　実は、「信条としていることは何ですか？」は、面接では聞いてはいけない質問だ。信条を聞くことは、「就職差別」につながる「不適切な質問」として厚生労働省が質問しないように指導している。

　たとえば、「信条としていることは何ですか？」という質問に、学生が「新興宗教●●教の教祖の『●●●●』という言葉が私の信条です。教祖は大きな事件をおこし逮捕されましたが、今でも私は熱心な信者なのです」と答え、その面接で落とされると、「思想・信条を理由に落とした」ということになり、大きな問題になってしまう。

　この質問をする企業があれば、「ここの人事担当者は不勉強だな」と思えばよい。いちいち「それは不適切な質問です」と言う必要もない。無難な答えを用意しておき、さっと回答すればよい。

「10年後はどのように働いていると思いますか？」

■解説

　企業によっては「5年後」とか「20年後」のこともある。

　これは「この会社に入社したら、こんなキャリアを築きたい」ということを答えればよい。志望企業の事業内容や業務内容について、しっかり理解している必要がある。

　企業の採用サイトにはたいてい、部門ごとに社員数名の紹介がされている。「入社10年目の営業職Aさん。最初の3年間はこんな仕事をし、4～6年目はこんな仕事をし、7年目から10年目の現在はこんな仕事をしている」といった紹介がされているので、それを参考に10年後の自分について書けばよい。また、インターンや会社説明会で、こうした時系列の紹介がされることもあるので、しっかりメモをしておくとよい。

　リクルーターやOB・OGに「入社してから10年目くらいまではどのようにキャリアをつむのですか？」などと聞いてみるのも手だ。「最初の1～2年はどのような仕事をしたのですか？　3～4年目は？」などと時系列で聞いてもよいだろう。

「10年後はお金を貯めて家を建てていたい」とか「10年後は世界一周旅行ができるようになりたい」といった仕事と関係のない回答は求められていない。

「10年後の自分はどうありたいと思いますか？」「どのようなキャリアプランを考えていますか？」というのは似た質問だ。基本的に、同じことを回答すればよい。

■ワークシート（回答）を作成しよう

　志望する業界ごとに、この質問の回答を250字程度（約1分間分）で書こう。

■志望業界① （　　　　　　　　　　　　）業界

														20
														40
														60
														80
														100
														120
														140
														160
														180
														200
														220
														240
														260
														280
														300

■志望業界② （　　　　　　　　　　　　）業界

														20
														40
														60
														80
														100
														120
														140
														160
														180
														200
														220
														240
														260
														280
														300

「当社の志望動機を教えてください」

■解説

　いわゆる志望動機だ。「内定が取れればどの企業でもいい」と、業界・企業のことを理解せずに応募した学生は、入社しても長続きしないし、よい仕事ができない。そうした学生を落とすための質問だ。また、その仕事の一番華やかな部分だけを拡大解釈して理想化している人も、この質問で落とされる。

　「人と接するのが好きなので志望しました」「人を笑顔にする仕事がしたくて志望しました」のような、**どの業界・どの企業でも使えるようなフワッとした志望動機を言うと、「それは他の企業でもできますよね？」と面接官に返され、この企業を本気で志望していないと判断される。**

　たとえば、自動車メーカーで「自動車が好きだから志望しました」のようなものも、フワッとした志望動機で、やはりだめだ。

　「こういう内容の仕事がしたいと考え、志望した」でも不十分だ。同業他社は基本、同じ仕事内容だから、やはり、「それは他の企業でもできますよね？」と面接官に返されてしまう。

　「こういう内容の仕事がしたいと考え、志望した」で終わらず、同業他社のB社でもなく、C社でもなく、A社を志望する理由を言うことが重要だ。そのためには、**同業他社との違いを知り、A社だけの強みやA社だけの特徴を言うことで、志望動機としての納得性が高まる。**

　すでに挙げた「当社の強み・弱みは何だと思いますか？」の質問に答えられれば、その企業の志望動機は言えるようになる。さらに、「この仕事にはこういう能力が必要だと思います。私はその能力をこうした経験でつちかいました。だから、御社のこの仕事に貢献できます」と言えれば、志望動機としては完璧だ。

■ワークシート（回答）を作成しよう

　志望する業界ごとに、この質問の回答を250文字程度（約1分間分）で書こう。

■志望業界① （　　　　　　　　　　）業界

															20
															40
															60
															80
															100
															120
															140
															160
															180
															200
															220
															240
															260
															280
															300

9章 面接ワークシート！

■志望業界② （　　　　　　　　　　）業界

															20
															40
															60
															80
															100
															120
															140
															160
															180
															200
															220
															240
															260
															280
															300

質問 「大学ではどんなことを学んでいますか？」

■解説

　まず、自分の学んだことをわかりやすく説明すること。次に、大学で学んだことが仕事にどのように活かせるかを説明できるとさらによい。その分野の知識が直接仕事に役に立たなくても、考え方や調査方法などが間接的に仕事に役立つという流れで話してもよい。

　「学んだ結果、この分野はつまらないし、何の役にも立たないことがわかりました」というような回答は好ましくない。「自分はこの分野がこう面白かった。日常生活でもこう役立つし、人とコミュニケーションする上でもこう役立つ。仕事でもこう役立つ」と楽しく語ってほしい。

　時期によっては、まだゼミが始まっていないか、ゼミが始まったばかりで、ゼミの内容を語れないことがあるかもしれないが、その場合でも、「こういうことを学ぶゼミで、自分はこういう問題意識を持っているので、ゼミでそれを深めたい」というように、これから学びを深めたい内容を語ればよい。

　４年生になると「卒論のテーマは何ですか？」と聞かれることもある。答えられるようにしておいた方がよい。

■ワークシート（回答）を作成しよう

　この質問の回答を500字程度（約２分間分）で書こう。

20
40
60
80
100
120
140
160
180
200
220
240
260
280
300
320
340
360
380
400
420
440
460
480
500
520
540
560
580
600

「大学の学部を選んだ理由を教えてください」

■解説

　専攻分野のどういった所に興味を持ったのかを説明することが重要。専攻分野によっては、どういった学問なのかを最初に説明する必要がある。

　専攻分野の概要、専攻分野の面白さや選んだ理由、の順で説明するとよい。

　実際は、「受かったのがこの大学のこの学部だけだったから」という人もいるだろう。しかし、そのまま言うと、「適当に大学選びをしたから、会社選びも同じように適当なのだろう」とマイナス評価になる。**後付けでよいので納得性のある理由を説明しよう。**

■ワークシート（回答）を作成しよう

　この質問の回答を250字程度（約１分間分）で書こう。

■回答

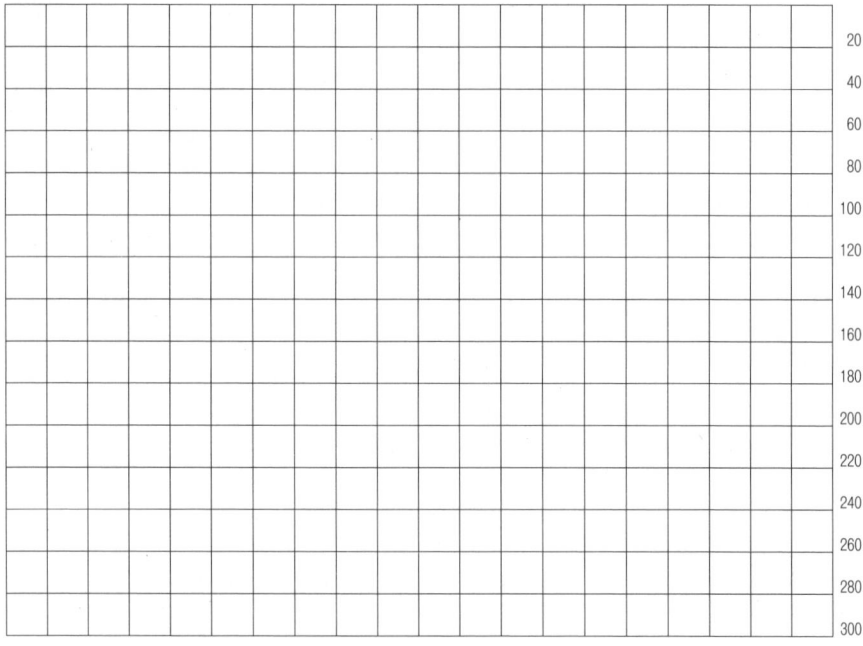

質問 「大学生活で、周囲と協力して取り組んで解決をした経験を教えてください」

■解説

　チームワークを問う質問だ。チームワークを重視する企業は多い。大学の部活、サークル、アルバイト、ゼミなどチームでの活動を述べる。どのくらいの人数で、どんな目標に向かっていたか、どんな困難があり、それをどう乗り越えたか、どんな結果・成果を得られたかを話そう。

　サークル、アルバイトをしていない場合は、中高時代の部活や学園祭の話などをするのも手だ。サークルやバイトをやっていた方が、この質問は答えやすいので、サークルに途中から入るのもよいし、バイトを始めるのもよいだろう。

■ワークシート（回答）を作成しよう

　この質問の回答を250字程度（約1分間分）で書こう。

■回答

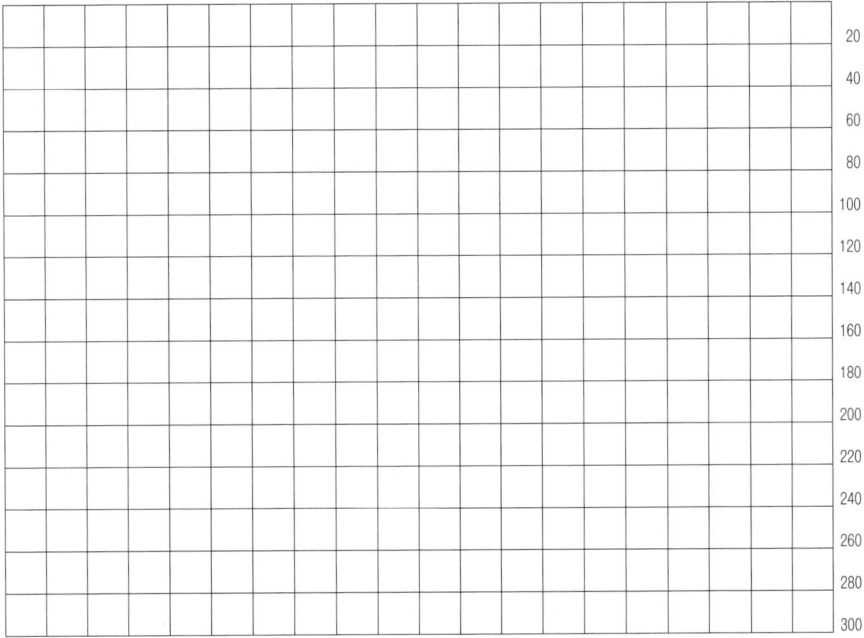

9章　面接ワークシート！

質問 「集団の中であなたはどういう役割ですか？」

■解説

　もし、自己 PR で「私の長所はリーダーシップがあることです」と回答したのに、この質問で、「集団の中ではサポート役です」などと食い違うことを回答すると、面接官は「最初の自己 PR は信用しない方がいいな」と判断してしまう。

　自己 PR で言った内容と一貫性を持たせた方がよい。

「友人達の中で、あなたはどういう役割ですか？」と聞いてくることもある。やはり、自己 PR で言った内容と一貫性を持たせよう。

■ワークシート（回答）を作成しよう

　この質問の回答を250字程度（約 1 分間分）で書こう。

■回答

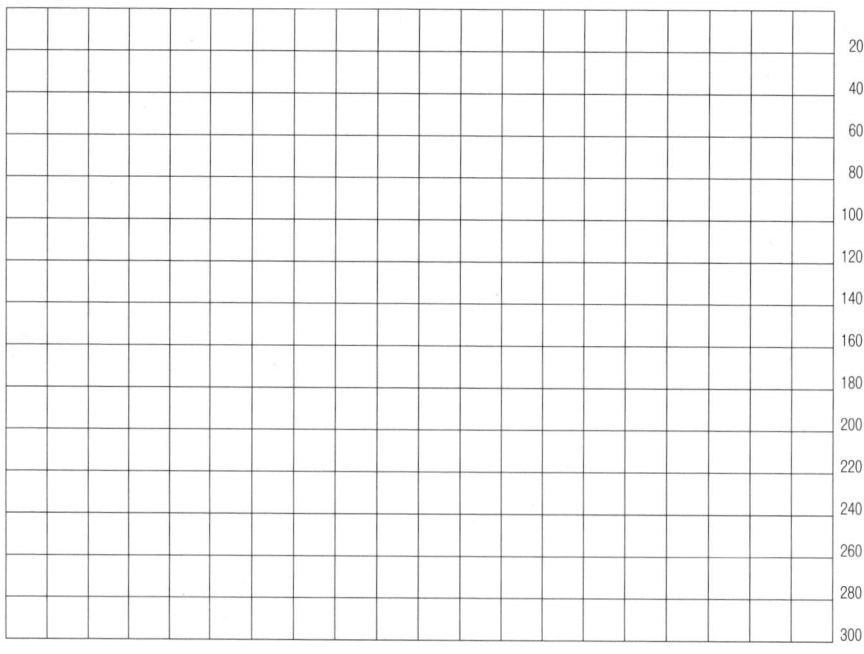

質問 「周囲と意見が対立する時は、どうしますか?」

■解説

　学生時代は意見が対立したら、自分の意見を引っ込めて、相手の意見を採用していた人もいるだろう。

　しかし、ビジネスでは自分の意見を結果的に採用してもらわなければいけない状況が多々ある。といって、強引にして、周囲と関係が悪くなるのは困る。

　各案のメリット・デメリットを挙げ、客観的な基準や数値化できる基準で各意見を評価し、ベストの意見を導き出し、皆の合意を形成した、という回答がビジネス的な正解だ。参考にしてほしい。

■ワークシート（回答）を作成しよう

　この質問の回答を250字程度（約1分間分）で書こう。

■回答

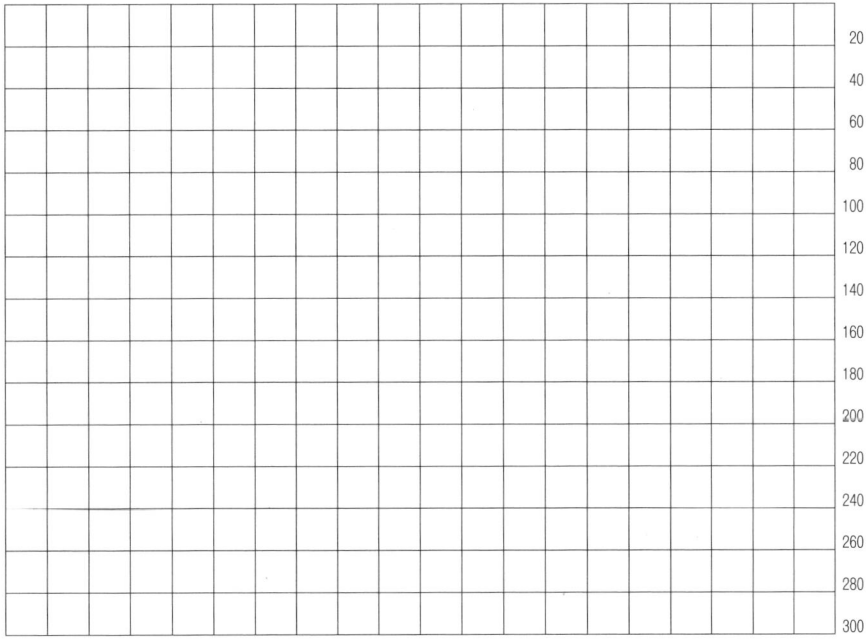

質問 「友達（周囲）からどんな性格だと言われますか？」

■解説

　自己 PR で伝えた長所とズレがないほうがよい。そして、どう言われるかだけでなく、なぜそう言われるのか理由やエピソードまで言うとよい。

　たとえば、自己 PR で粘り強いことをアピールしたなら、「友達からも粘り強いと言われる。友達 5 人で TOEIC で800点になるまで、半年に一回は受験し続けようという話になりましたが、友達は TOEIC で800点になる前に挫折し、結局、私だけが勉強と受験を続け、TOEIC で800点を取りました」のように、切り口を変えた自己 PR のチャンスだと思えばよい。

■ワークシート（回答）を作成しよう

　この質問の回答を250字程度（約 1 分間分）で書こう。

■回答

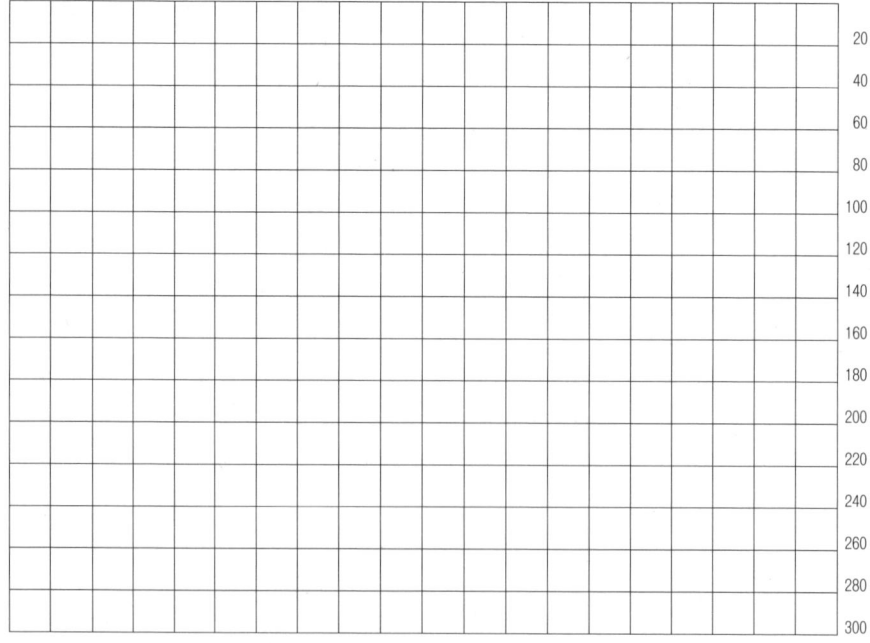

■解説

リーダーシップのある人材を求めている企業は多い。

サークル、アルバイト、ゼミ、中高の部活などでリーダーとしての活動があれば、その経験を回答すればよい。

どのような集団のリーダーで、どんな目標に向かい、どんな困難があり、その困難をどう乗り越え、どんな結果・成果だったかを語ろう。

リーダー経験がないという場合は、友達と旅行で多少リードしたことでも、飲み会の幹事をしたことでも、何でもいいので、経験を膨らませて語ろう。

■ワークシート（回答）を作成しよう

この質問の回答を250字程度（約1分間分）で書こう。

■回答

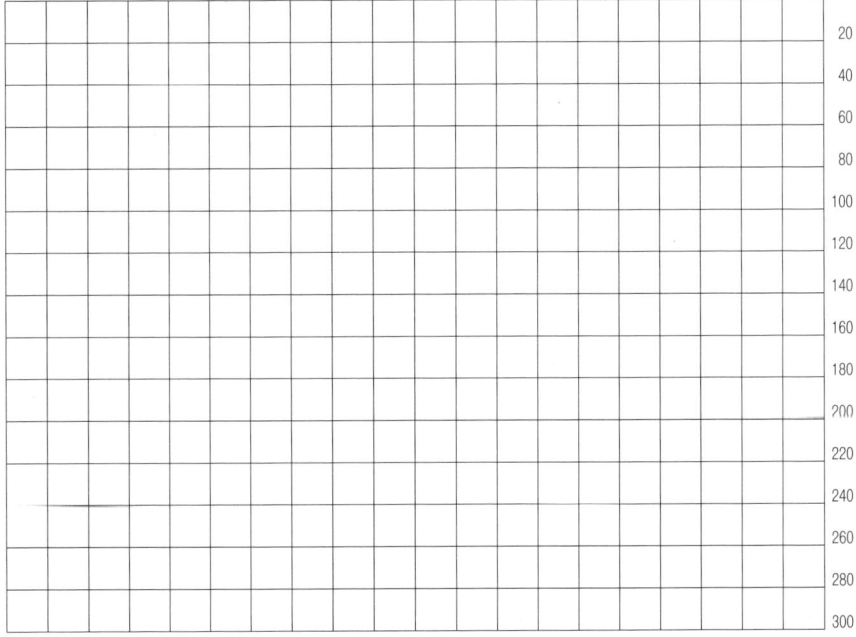

「休日はどんなことをして過ごしますか?」

■解説

「一日中寝ています」「一日中パチンコです」などはマイナス評価だ。

休日はスポーツをすることや、外出して人と会うなどを適切に交えて答えると、活発で社交的で、ストレス発散も上手にしているとプラスの印象になる。

知的な印象を与えたければ、「先週の休みはアメリカの留学生を日本の古い建築物を中心に観光案内しました。その前の休みは台湾の留学生を連れて歌舞伎を見に行き、解説をしました」とでも回答するとよい。長年していなくても、先週やれば本当のことだ。就活を機に活発で社交的で知的な休日を過ごそう。

■ワークシート(回答)を作成しよう

この質問の回答を250字程度(約1分間分)で書こう。

■回答

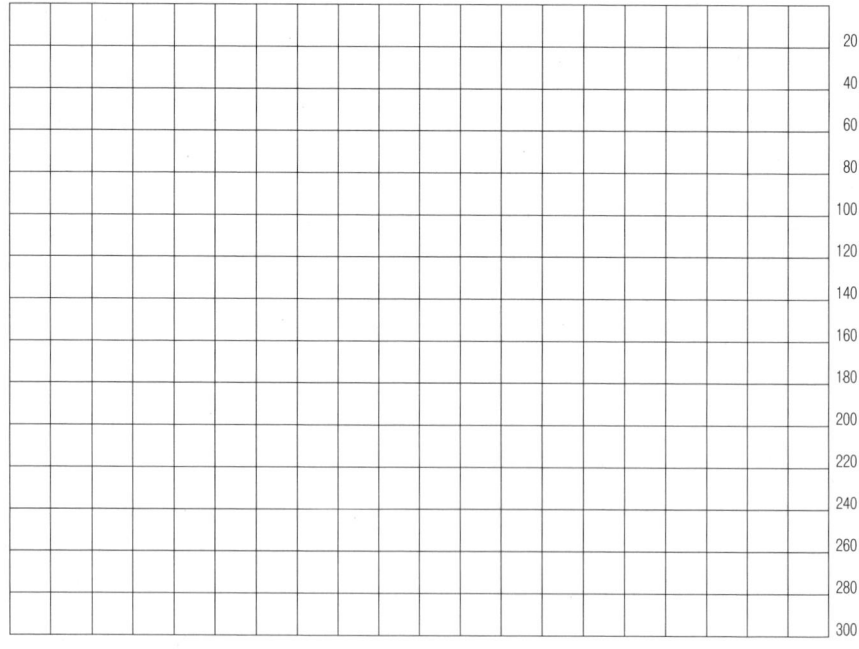

質問 「趣味について教えてください」

■解説

　エントリーシートや履歴書には、趣味・特技の欄が必ずある。これを素っ気なく「趣味：読書、特技：料理」くらいしか書かない人が多いが、もったいない。

　ちょっとでも好きなもの、ちょっとでも興味のあるものは、趣味・特技の欄になるべく多く書き込んで、アピールすべきだ。しかもなるべく詳しく書くとよい。たとえば、「趣味：読書（幅広く読みますが、最近は、歴史ものや考古学に関する書籍が特に好き）」などと詳しく書く。すると、面接官が「社内に同じ趣味の社員が多いから、話が合うし、すぐに溶け込みそうだな」とプラスの印象を持ってくれるかもしれない。

■ワークシート（回答）を作成しよう

　趣味の中から１つ選び、どんな趣味かを250字程度（約１分間分）で書こう。

■回答

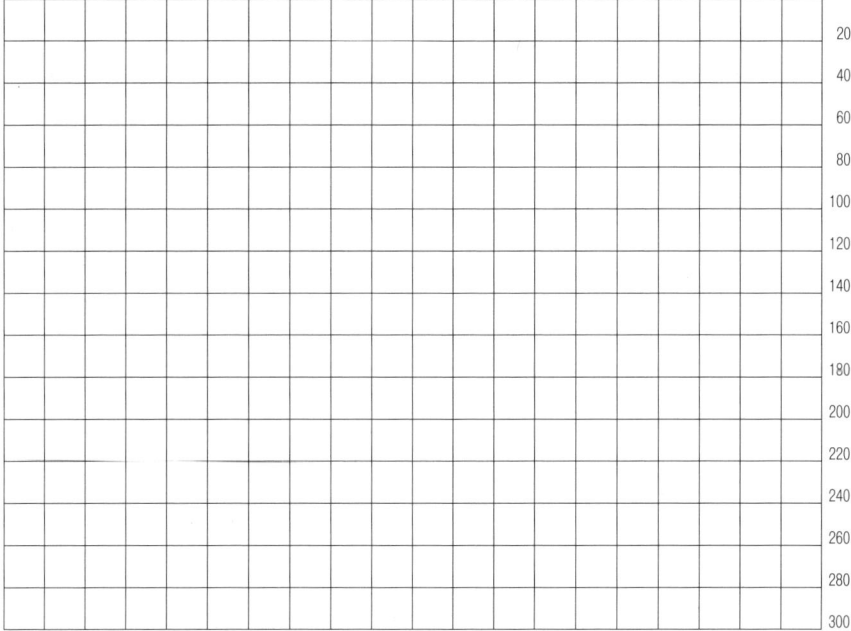

「ストレスに強い方ですか？」

■解説

　企業として困るのは、新卒がストレスで、長期休職や退職をすることだ。「ストレスに強い方ですか？」という質問に、「ストレスには弱く、イヤなことがあると、すぐに寝込みます」などと回答すれば、どこも採用してくれない。

　「はい。アルバイトやサークルでこういう大変な経験を乗り越えたので、ストレスには強い方だと思います」とでも答えれば、プラス評価だ。つまり、**ストレスを乗り越えた経験を根拠として語ればよいのだ。**

　「どんなことにストレスを感じますか？」もよくある質問だ。「人間関係がストレスになる」「細かい確認作業がストレスになる」「仕事量のわりに締め切りが短いとストレスになる」など、人によって何にストレスを感じるかは異なる。

　「特に、これがストレスになるということはないです」という回答が無難だ。もしくは、「作業量のわりに締め切りが短いとストレスになります。最近では、スケジュールを立てて実行することで、ストレスにならないように気をつけています」などと改善策とセットで言うのも手だ。

　ストレスに強くなる方法・解消する方法は、**「きちんと食べ、きちんと運動し、きちんと風呂に入り、きちんと眠ること」**だ。学生時代にこの４つが乱れている人は、就活対策を機に、この４つを正しくするように心がけよう。**「ストレスの解消法は何ですか？」と聞かれたら、この４つを基本に答えるとよい。**「ストレス解消のために、休日はスーパー銭湯まで歩いて行き、ゆっくりお湯につかり、美味しいものを食べ、早めに寝ています」などは理想的な回答だ。

■ワークシート（回答）を作成しよう

　この質問の回答を250字程度（約１分間分）で書こう。

■回答

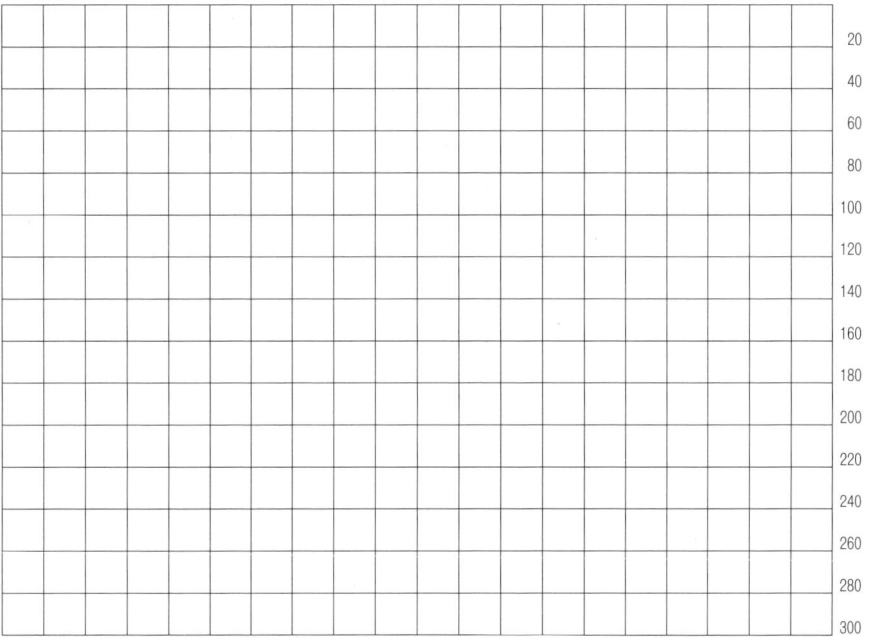

大変な経験を乗り越えたことを
説明すれば、ストレスに強い根
拠になるよ。

「体力はありますか？」

■解説

「体力はありますか？」というのは、「当社の仕事は忙しいけど、それに耐えられますか？」という意味。

別に、100キロのバーベルを持ち上げられる、フルマラソンを走りきれる、といった体力のことではない。

毎日の仕事が普通にできて、しょっちゅう体調不良になって休んだりしなければよい。普通の若者なら問題はない。「はい、**体力には自信があります**」と答え、**根拠や気をつけていることを説明する**。「サークルやアルバイトで忙しい中で活躍していた」「病気をあまりしないし、学校を休んだりすることがない」「長距離を自転車通学していた」などが根拠だ。

「栄養に気を配った食事をとり、暴飲暴食をせず、夜更かししない」などが気をつけていることだ。

「あなたはどこででも寝られますか？」という似た**質問**もある。忙しい時は、駐車した車の中でも、オフィスのソファでも、どこででも寝て睡眠時間を確保しないと体が持たないということだ。寝付きを良くする方法は身につけておくとよいだろう。ストレッチをして血流を良くすると寝付きが良くなる。4-7-8呼吸法は、「4秒間鼻から息を吸い、7秒間呼吸を止め、8秒かけて口からゆっくり息を吐き出す」をくりかえすといつの間にか眠ってしまうというものだ。試してみるとよいだろう。

■ワークシート（回答）を作成しよう

この質問の回答を250字程度（約1分間分）で書こう。

■回答

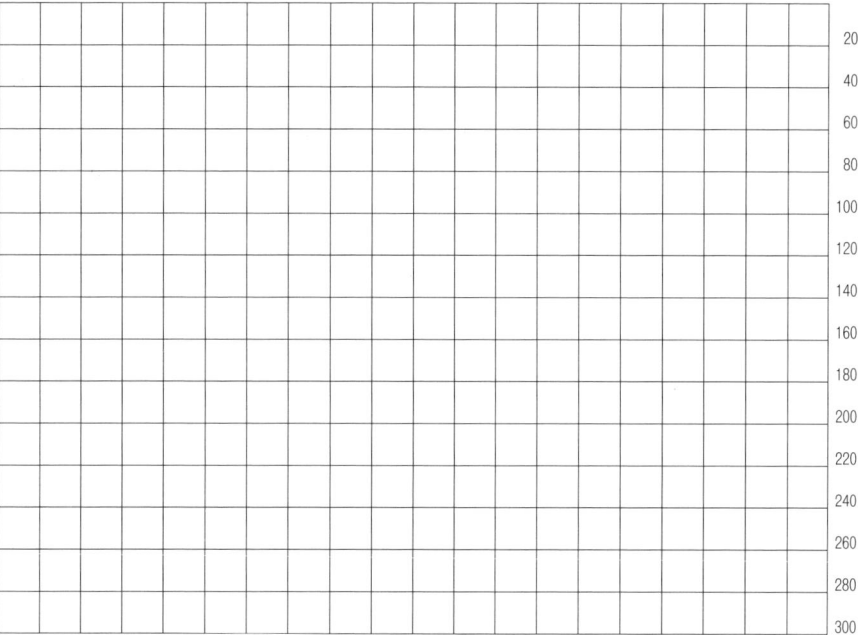

20
40
60
80
100
120
140
160
180
200
220
240
260
280
300

【生理が非常に重い人は婦人科に相談】

　女性には、生理が非常に重くて何日か動けなくなる「月経困難症」の人がいる。社会人になると、そう頻繁には休めないので、就活対策を始めるのを機に、婦人科に行って相談するとよいだろう。治療法には、低用量ピルや子宮内黄体ホルモン放出システムなどがあり、こうした治療をすれば、生理になってもほぼ通常通りに仕事ができる。

　面接で「健康に自信がありますか？」と質問されて、「生理が重いので、月に数日休むことがあるかもしれません」と男性の面接官に伝えるのは気が引けるだろう。

　ましてや、面接では「はい、健康には自信があります」と答えたのに、働き始めてから「生理が重いので、数日休ませてください」と伝えると、「面接では健康って言ってたじゃないか」と上司からイヤミを言われる可能性もある。

　婦人科に行って、早めに解決しておくとよいだろう。

質問 「小学校時代・中学校時代・高校時代について 教えてください」

■解説

「小学生の頃は毎日公園でトンボやチョウを捕まえては羽をむしって殺していました」と答えれば、面接官は「性格的に問題ありそうだ」と考えるだろう。

本当にそんなことをしていたとしても、そのまま答えるのはよくない。**なるべく前向きな表現にしよう**。例えば、「小学生の頃は毎日公園で遊んでいました」「小学生の時は、昆虫好きでした」などと言えばよい。

当時は、何が好きで、家族とはどんな関係で、どんな友達と何をしていたか、習い事や部活は何をしていたか、などを、前向きな表現で説明しよう。

■ワークシート（回答）を作成しよう

この質問の回答をそれぞれ250字程度（約1分間分）で書こう。

■回答① 【小学校時代】

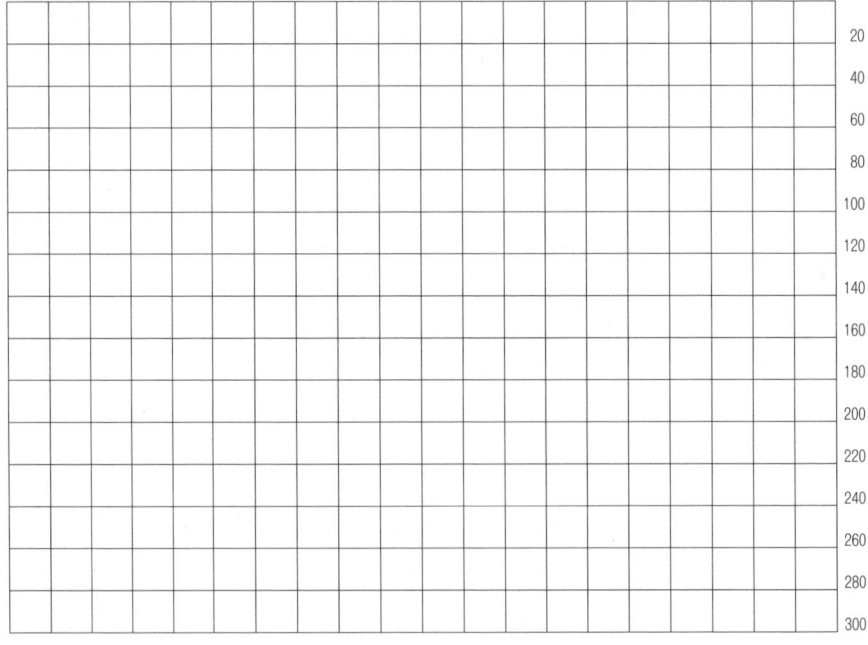

■回答② 【中学校時代】

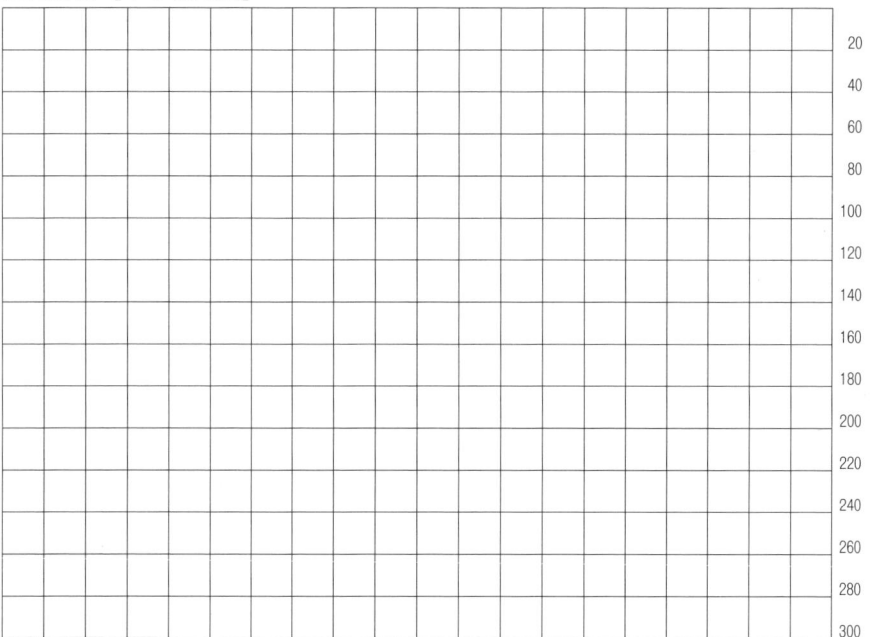

■回答③ 【高校時代】

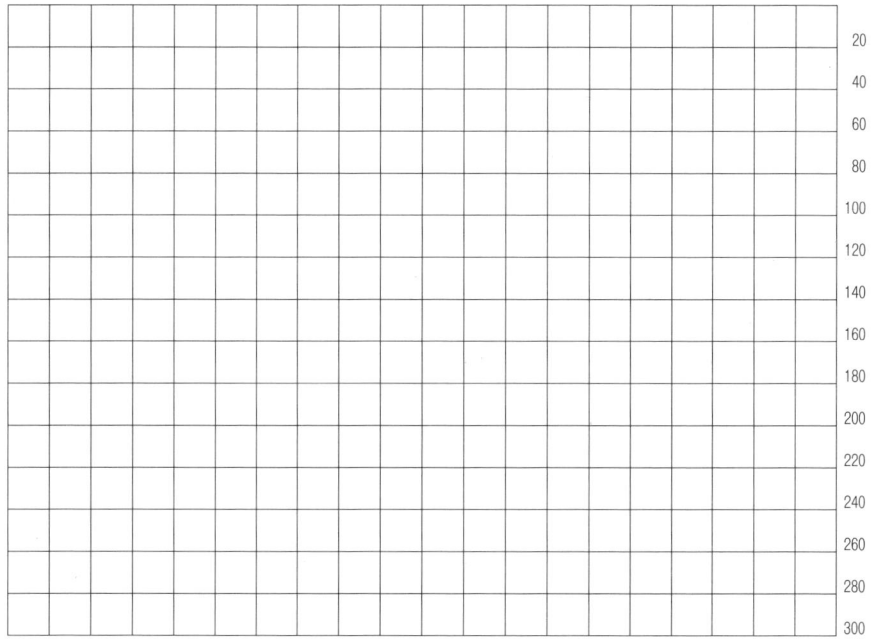

■解説

「学生時代に成し遂げたことは？」も似た質問だ。

いわゆる、ガクチカだ。学業に関しては別途聞くことが多いので、「学業以外で、学生生活で力を入れたことを教えてください」という質問をする企業が多い。サークル、部活動、アルバイト、語学習得、ボランティアなど何でもよい。

「こういうことをした」と始め、「こんな大変なことがあった。それをこう乗り越えた。結果、こうなった。その経験からこんなことを学んだ（こんな能力を身につけた）」という流れにするとよい。

ガクチカに関しては2章に詳しく解説したので、参考にしてほしい。

ガクチカを「部活・サークル」や「アルバイト」にした場合、「なぜ、その部活・サークルを選んだのですか？」「なぜ、そのアルバイトを選んだのですか？」という質問が重ねられることもある。

「友達に強引に誘われて仕方なく始めた」のように消極的な理由は好ましくない。実際、友達に誘われて始めたとしても、「●●ができるようになりたいと思い、始めました」「●●を身につけたいと思い、始めました」「●●にやりがいを感じ、始めました」のように積極的な理由を言うようにしよう。

■ワークシート（回答）を作成しよう

この質問の回答を250字程度（約1分間分）で書こう。

ガクチカは複数用意しておき、企業によって使い分けるとよい。

■回答①

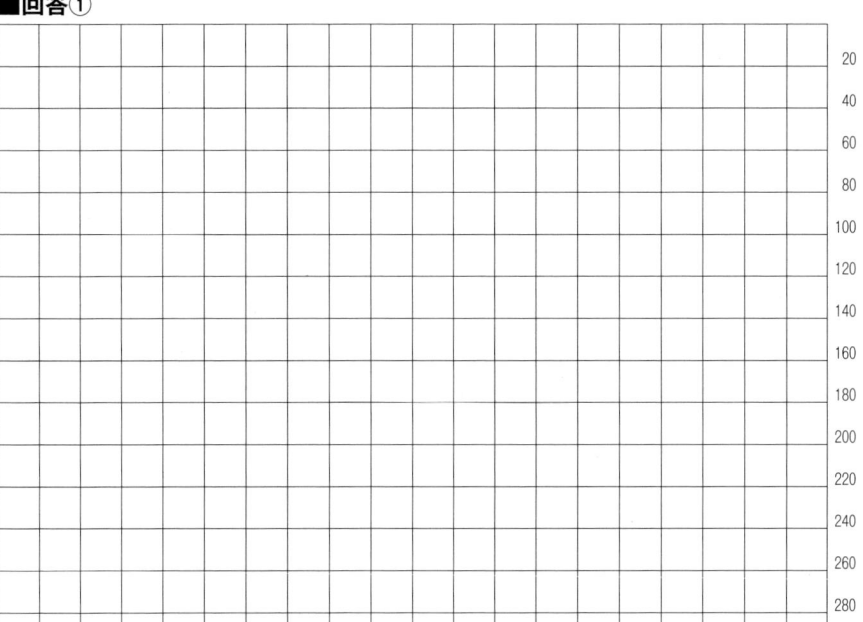

20
40
60
80
100
120
140
160
180
200
220
240
260
280
300

9章 面接ワークシート！

■回答②

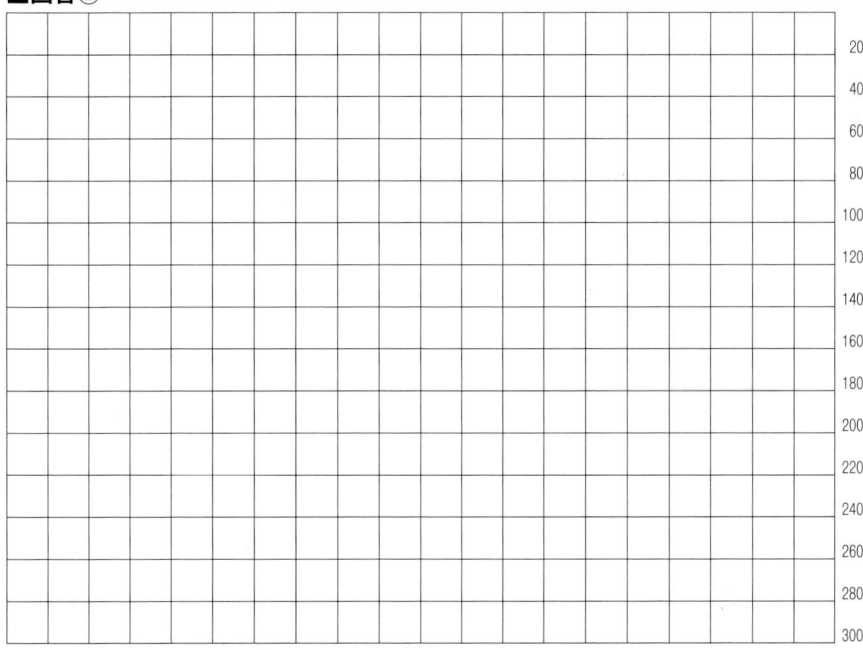

20
40
60
80
100
120
140
160
180
200
220
240
260
280
300

質問 「自己PRをしてください」

■解説

「あなたの長所（強み）を述べてください」「これだけは誰にも負けない所は何ですか？」も似た質問だ。

自己PRはガクチカと内容は近いものになることが多い。ガクチカは「やったこと」をまず述べる。しかし、自己PRの場合は「長所」をまず述べる。その後で、自己PRでは「その長所はどのような経験から身につけたのか」または、「その長所があることの証拠のエピソード」を述べる。最後は、「この長所はこの仕事にこう活かせる」と説明する。

「この長所はこの仕事にこう活かせる」がないと、面接官によっては、「その長所は仕事に活かせないだろう。無意味な長所だ。こんな下手な自己PRをするようじゃダメだな」とマイナス評価をしてしまう。

自己PRの内容に、「その長所は他の業界だと活かせそうだけど、うちの会社では活かせないな」と面接官が満足しない場合がある。そういった場合、面接官は「ほかにアピールするものはないですか？」「ほかに長所はありませんか？」と質問を重ねてくることが多い。

そうした場合は、最初の自己PRとは違う長所、違うエピソードにした方がよい。いろいろな切り口、いろいろなエピソードで、あなたのいろいろな長所、あなたのいろいろな人柄を面接官に見せるとよい。そのうち、その面接官にとって魅力的に感じるものがあれば、食いついてくる。きついことを言われても、あきらめずにアピールをし続けることだ。

面接の最後に、「最後にもう一度自己PRをしてください」や「最後に言い残したことはありますか？」と言われることがある。せっかくのチャンスなのでぜひ活かしたい。そのためには、最初の自己PRとは違う能力・違うエピソードを話した方がよい。最初の自己PRがサークルでのリーダーシップの話だったら、最後の自己PRはアルバイトでのクレーム対応の話にするなどだ。

自己PR（長所）を3つは用意しておこう。

「あなたの長所を３つ、短所を３つ述べてください」という質問の仕方をする企業もある。

　自己 PR については３章に詳しく解説したので、参考にしてほしい。

　このワークシートでは自己 PR は250字程度（約１分間分）で３つ書こう。しかし、最終的には、３つを膨らませて、それぞれ2500字程度（約10分間分）のロングバージョンも作成してほしい。ここまで作りこんでおくと、面接官が重ねてくる質問にも対応できるようになる。

　「自分を10分間プレゼンしてください」という企業もある。その場合は、このロングバージョンを言えばよい。

■ワークシート（回答）を作成しよう

　この質問の回答を250字程度（約１分間分）で３つ書こう。

　※最終的には、３つを膨らませて、それぞれ2500字程度（約10分間分）のロングバージョンも別の紙に書こう。

■回答①

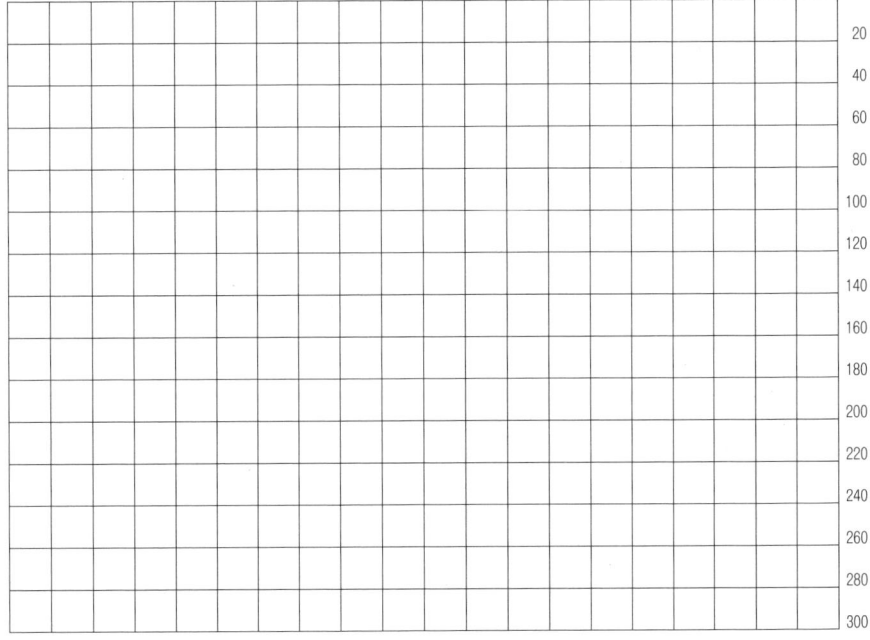

■回答②

質問 「簡単に自己紹介をしてください」

■解説

「簡単に自己紹介をしてください」と面接官に言われ、自己PRを始めてしまう人がいる。しかし、自己紹介と自己PRは別のものだ。自己PRは「仕事に活かせる自分の長所」を述べ、「その根拠となるエピソード」を述べる。

　自己紹介は自分の基本情報を簡潔に伝えるものだ。「自分の名前、大学名、学部、学科、何を大学で学んでいるか、サークル、アルバイトは何をしているか」を簡潔に述べればよい。長所を述べるなら、「長所は●●です」と簡潔に一言だ。

　自己紹介の後には、面接官が「自己PRをしてください」とか「先ほどの長所を詳しく述べてください」などとさらに質問を重ねてくる。

■ワークシート（回答）を作成しよう

　この質問の回答を125字程度（約30秒間分）で書こう。

■回答

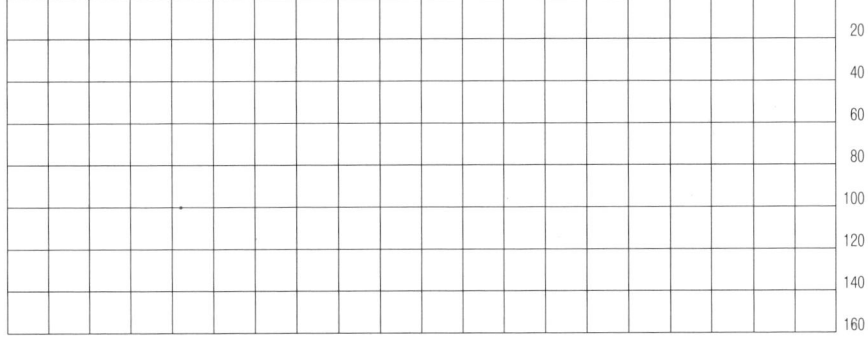

質問 「逆境を乗り越えた経験を話してください」

■解説

　仕事では逆境、挫折、大きな失敗は必ずあり、それを乗り越えて成功しなければならない。それができるかどうかを、大学生活で逆境を乗り越えた経験から予測しようと面接官は狙っている。

　しかし、これまで挫折した経験も大きな失敗もないという人も多いだろう。**小さな苦労を膨らませて言うくらいで、ちょうどよい。**

　自己PRやガクチカの変形と考えてよい。**自己PR・ガクチカとの違いは、苦労した部分を強調し、挫折や逆境として表現する点だ。**そして、その挫折や逆境を乗り越え、成果を出したと語ればよい。

　「挫折した経験を教えてください」という質問の仕方をすることがある。「取り返しのつかない大きな失敗をして、そのまま失敗で終わった。次の挑戦もしていない」という回答では、マイナスの評価になってしまう。**一番大きな失敗が失敗のままで終わったのならば、それは言わないほうがよい。**

　「今までで最も大きな決断が迫られた経験は何ですか？」という質問も基本的に同じである。挫折や逆境があり、それをどう乗り越えるか、はたまた、あきらめて撤退するか、という決断の部分を強調して話せばよいだけだ。

　「何かを成し遂げた経験を教えてください」という質問も基本的に同じである。小さな苦労を膨らませて挫折や逆境と表現し、あきらめずに達成したという話をすればよいだけだ。結果が小さくても、挫折や逆境を大きく表現すると、成し遂げた感じが出る。

■ワークシート（回答）を作成しよう

　この質問の回答を250字程度（約1分間分）で3つ書こう。

　自己PRやガクチカをもとに、逆境を強調して書き直すだけでよい。

■回答①

■回答②

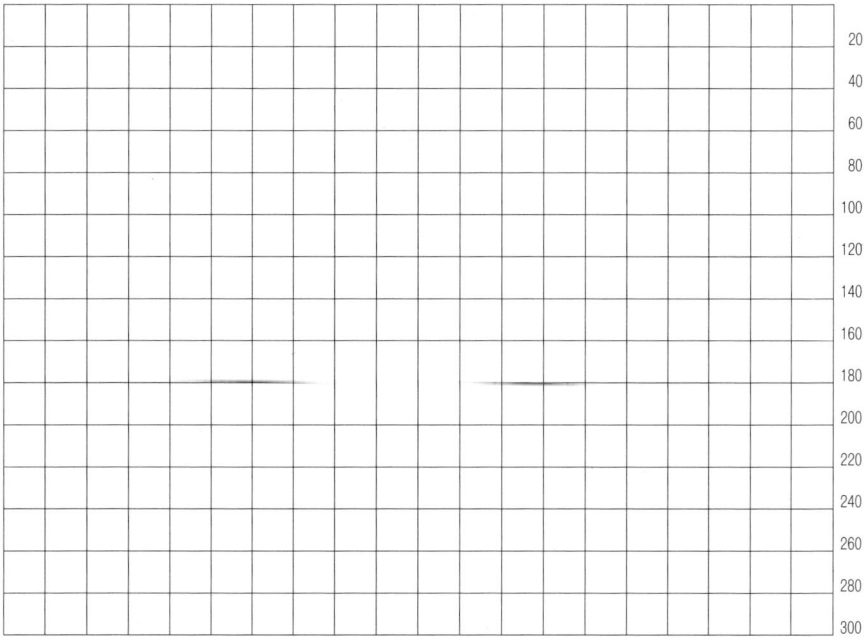

■回答③

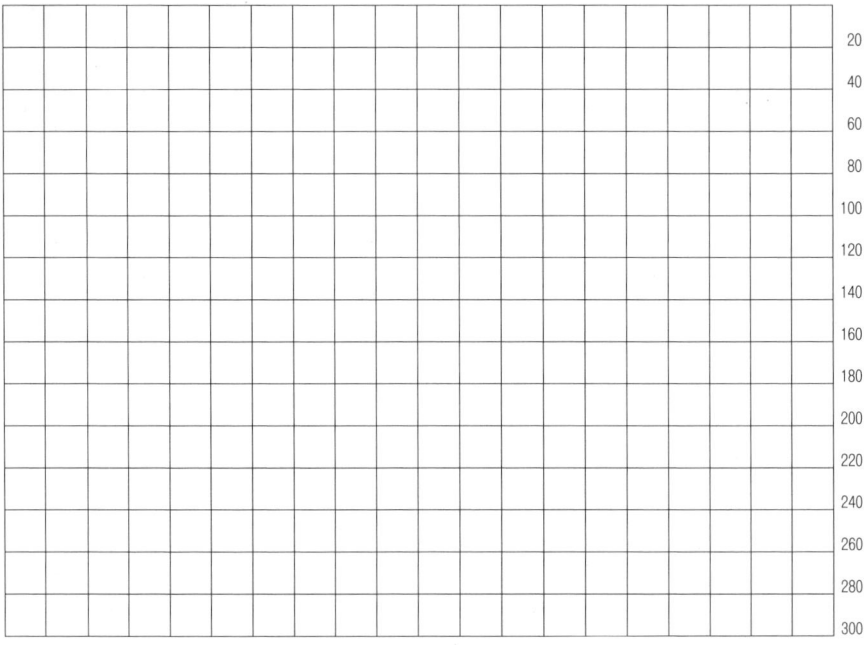

| | | | | | | | | | | | | | | | | | | | 20 |
| | | | | | | | | | | | | | | | | | | | 40 |

 小さな苦労を膨らませて言うくらいで、
ちょうどよいよ。

質問 「人生のターニングポイント（転機）は何ですか?」

■解説

大学生で人生のターニングポイント（転機）があった人などそんなにいない。

要するに、**自分が成長した経験**を言えばよいだけだ。自己PRやガクチカの変形と考えてよい。自己PR・ガクチカとの違いは、「それまでは甘い考えだったけど、この経験でこのように厳しいモノの考え方をすることを学び、それを実践するようになった」と、前後での成長を強調して言うことだ。

「これまでの人生で最も重要だった出来事を教えてください」と質問されることもあるが、基本的に同じだ。

■ワークシート（回答）を作成しよう

この質問の回答を250字程度（約1分間分）で書こう。

■回答

「あなたの短所（弱み）は何ですか？」

■解説

　短所を非常に気にする面接官の場合、「あの短所はうちの会社では致命的だ」とマイナス評価をしたら、その後、学生がどんなに面接でよい内容を言っても評価を回復できないことがある。

　こうした面接官は、学生に問題がないかを探りたいので、「短所は特にないです」と答えても問題はない。「短所は特にないです」と毎回答えて、内定を何社も取った学生もいる。

　短所を言ったところでマイナスになることはあっても、プラスになることはない。

　ただし、「あなたの長所を3つ、短所を3つ述べてください」という質問の場合、さすがに答えないわけにいかない。短所を3つ用意しておくとよい。

「短所は徹夜ができない、お腹がすくと集中力が落ちる、ゴキブリを見ると悲鳴をあげる、の3つです」といった当たり障りのない短所にすればよい。

　笑いが取れるような短所を言うのも手だ。「短所は眠くなると、固有名詞を言い間違えることです。夜遅くに洗濯機を回そうとした時、父親が帰ってきたから、一緒に洗おうと思って『お父さんのシャツを冷蔵庫に入れておいて』と言い間違えて、大笑いされました。笑われて悔しかったので、次の日、父が起きてきた時、『シャツを冷蔵庫に入れておいたから』と言って、冷蔵庫からビニール袋に入れた冷えたシャツを出して手渡しました。暑い日だったので喜ばれました」とでも言えばよい。

■ワークシート（回答）を作成しよう

　自分の短所を3つ書こう。

■回答①（　　　　　　　　　　　　　　　　　　　　　　　　　）

■回答②（　　　　　　　　　　　　　　　　　　　　　　　　　）

■回答③（　　　　　　　　　　　　　　　　　　　　　　　　　）

質問 「自分を動物（食べ物、野菜、花、モノ、色）に例えると何だと思いますか？ その理由は？」

■解説

この手の質問には、「動物に例えると私は亀です。なぜなら、気長で粘り強いからです」といったように、理由まで答える。

こういう突飛な質問で、学生の本質がわかると思っている面接官は多い。実際は、機転とユーモアがあるかがわかるだけだろう。

仕事の能力とは何の関係もないので、こういう質問は遠慮願いたいものだが、面接の場面で聞かれたなら、答えないわけにはいかない。ある程度、準備しておくとよい。

たとえば、「粘り強さ」や「我慢強さ」をアピールするなら、食べ物なら納豆かトロロ、野菜ならトロロの材料である長芋か山芋、花なら水の少ない環境でも耐えるサボテンの花、モノなら多少の衝撃では壊れない腕時計のG-SHOCK。

色だと「粘り強さ」や「我慢強さ」は表せないので、そういう時は別のものをアピールする。たとえば、「色に例えると私は緑です。植物の緑を見ると心が安らぎます。私と話をすると、心が安らぐという友達が多いです」とでも言えばよい。

用意していなかった別の何かに例えろと言われても、用意したものを応用すればそれなりに回答できる。

■ワークシート（回答）を作成しよう

それぞれ一言で書く。理由も簡単に書こう。

■回答① 【動物】 （　　　　　　　　　　　　　　　　　　　）
■回答② 【食べ物】（　　　　　　　　　　　　　　　　　　　）
■回答③ 【野菜】 （　　　　　　　　　　　　　　　　　　　）
■回答④ 【花】　 （　　　　　　　　　　　　　　　　　　　）
■回答⑤ 【モノ】 （　　　　　　　　　　　　　　　　　　　）
■回答⑥ 【色】　 （　　　　　　　　　　　　　　　　　　　）

「英語で自己紹介してみてください」

■解説

　あくまで英語を使う企業の場合だが、TOEIC や英検の点数をエントリーシートに記載していても、実際に、どのくらい話せるのかを確認したいので、英語で自己紹介をさせる企業がある。

　英語を使う企業の場合、「少しの時間、英語で面接しますね。英語で答えてね」と英語面接を数分間おこなうこともある。大学で学んだこと、部活・サークル・アルバイトの内容、自己 PR、志望動機は英語版も用意しておこう。

　英語面接を30分近くする企業もある。その場合、本書の質問の回答をすべて英語版でも用意しておくとよい。自力で英語にしなくてもよい。ChatGPT に英語版を作らせたり、翻訳サイトの DeepL に翻訳させたりすればよい。

　また、大手企業の場合、英語のサイトを持っているので、読んでおくとよい。「企業名　Global Website 」や「企業名　Global Corporate Website 」や「企業名　英語サイト」で検索すれば見つかるだろう。

　「英語はどの程度できますか？」という質問をする企業もある。その場合「英語の資格はこれを持っています」と答える。資格を持っていなくても、「日常会話は困らない程度に英語ができます」などと説明するとよい。

　英語以外の言語ができるなら、大学で学んだこと、部活・サークル・アルバイトの内容、自己 PR、志望動機をその言語で用意しておいた方がよい。

　ある学生は英語、中国語の短い自己紹介を準備しておいて、日本語で自己紹介した後、それを英語、中国語で言った。それだけで「けっこう話せるじゃないか」と面接官に評価されて通過した。入社までの間に、必死になって、英語と中国語を勉強し、入社する時には、本当にかなりの実力になっていた。

■ワークシート（回答）を作成しよう

　この質問の回答を100単語程度（約１分間分）で書こう。

■回答

質問 「最後に何か質問はありますか？」

■解説

　面接の最後に聞かれることが多い質問だ。「特に質問はありません」という回答は大きなマイナスではないが、決してプラスではない。せっかくの質問できるチャンスは活かすべきだ。

　自力で調べてもなかなかわからない業界や企業のこと、仕事のことなどを質問し、答えを得よう。それがこの企業の次の面接に役立つし、他の企業の面接にも役に立つ。本書の面接ワークシートを埋めるつもりで質問をするとよい。

　質問をするということは、その企業への関心があり、その企業を強く志望していることを表し、プラス評価になる。その質問が良い内容であれば、ますますプラス評価になる。

　ある大学で、4年間、すべて「優」だった学生がいた。授業ではいつも一番前の真ん中の席に座っていた。その学生は頭が特別によいわけではなかった。ただ、授業が終わると必ず教授を呼び止めて、質問に行っていた。テストの結果は毎回よいわけではなく、少々悪かったこともあったが、その学生はすべて「優」だった。真ん前で授業を受け、毎回、質問をしてくる学生には、教授も愛着がわいて、多少テストの点数が悪くても「優」を出したのだろう。

　改めて書くが、質問をするということは、その企業への関心があり、その企業を強く志望しているということを表し、プラス評価になる。業界研究・企業研究をして、質問したいという内容はリストアップしておこう。

■ワークシート（回答）を作成しよう

　質問したい内容を箇条書きで書き出そう。

　最終面接で逆面接（逆質問）を30分する企業もある。学生側が30分質問し続けられるくらいの質問を用意しておこう。

■回答（企業に質問したい内容を箇条書きする）

「当社は第一志望ですか？」

■解説

　どこを受ける時も「御社が第一志望です」と明言しよう。「第一志望**群**です」という言い方もあるが、やめておこう。

　面倒なのは、「御社が第一志望です」と言った瞬間、「君は内定が1社出ているよね。今、その企業に内定辞退の連絡をして。そうしたら、うちの会社は内定を出すから」と面接官が言ってくるケースがある。いわゆるオワハラ（就活終われハラスメント）だ。こうした場合は、「内定先の企業には昨日、辞退の電話をしました」といったように上手に答えればよい。

　「当社が内定を出したら、他社は内定辞退・選考辞退できますか？」と聞いてくることもある。この場合は「はい」と答えるのが正解。その場で、内定辞退の電話を強要するなどでなければ、問題ない。

　オワハラがあったら、他社への内定辞退の電話をしたり、入社誓約書・内定承諾書を書いたりといった行動はせずに、「1日考えさせてください」と言ってさっさと帰るのも手だ。そして、キャリアセンターにオワハラについて連絡し、どうすべきか相談しよう。仮に、学生が入社誓約書や内定承諾書に署名してしまった後でも、内定辞退はできる。

　他社の最終面接の日程に、長期間の内定者研修を設定するのもオワハラの一つだ。こうした場合は、「大学のゼミ（授業）があり、単位認定に関わるので、内定者研修には参加できません」とゼミや授業を理由にするのが一番よい。

 「御社が第一志望です」が正解。

「ほかにどのような企業を受けていますか？」

■解説

　ほかに受けている企業名を言うのだが、すべてを言う必要はない。同業他社を3社程度挙げれば十分だ。

　「他社の選考状況は？」というのは似た質問だが、この場合、選考状況も説明しなくてはいけない。「X社は一次面接を受けて結果待ちです。Y社はエントリーシートとWebテストを通過して、次回は一次面接です」のように通過している企業だけ説明すればよい。落ちた企業のことをわざわざ言う必要はない。

　業界がバラバラだと、マイナスの印象になることが多いが、内定が出ているのであれば、面接の企業とは違う業界でも、伝えるのはありだ。優秀な学生だと受け取られる。この時に、本当に大事な内定先は言わず、辞退してもよい内定先だけを言うようにするのも手だ。というのも、「君は内定が1社出ていたよね。今ここで、その企業に内定辞退の連絡をして。そうしたら、うちの会社は内定を出すから」とオワハラをする企業もあるからだ。

　大手企業でもオワハラをすることがあるので、ネットなどで「その企業名　オワハラ」で検索して、オワハラをする企業かを事前に調べておくとよい。

　内定があると、優秀な学生と受け取られ、面接が有利に進む。中小企業の内定であっても、強力な武器になる。仮に複数内定を取っていたら、「3社内定をいただきましたが、B社、C社は辞退し、現在はA社の内定があります」のように説明しよう。複数の内定をキープし続けるのは印象が悪いからだ。

　「内定をお持ちですが、当社から内定が出たらどうしますか？」と聞かれたら、「前にもらっている内定は断って、こちらに入社したいです」と言えばよい。

 同業他社を3社程度挙げる。選考状況を聞かれた場合は、通過している企業だけ説明する。

質問 「希望しない職種や部門に配属されたら、どうしますか？」

正解あり

■解説

「希望しない部署に配属されたら、どうしますか？」「希望職種に就けなかったら、どうしますか？」「希望の仕事をやれない時は、どうしますか？」も同様の質問だ。

日本の企業では様々な部署を数年おきに経験することが多い。また、花形の部署は何年も地味な部署を経験し、結果を残した者がようやく配属されるかもしれないというくらい、狭き門のことが多い。面接官がこの質問をする時は、学生の志望したのが花形の部署で、その部署に配属される可能性は非常に低いことを暗に示しているのかもしれない。

この質問に対しては、「他の部署でも頑張ります」や「どんな職種、どんな部門でも頑張ります」と回答するのが正解だ。

「会社組織では様々な部署を経験するし、自分が望んだ仕事以外もやらなくてはいけないことを理解しています」といった趣旨のことを付け加えてもよい。

似た質問で「仕事がルーティンワークになったら、どうやってモチベーションを維持しますか？」というのがある。「ルーティンワークも会社組織において必要な仕事であるということを認識して、モチベーションを維持します」とでも答えればよいだろう。

 **正解** 「他の部署でも頑張ります」や「どんな職種、どんな部門でも頑張ります」が正解。

■解説

　この質問は圧迫面接の場合もあるが、たんに学生の話を聞いて、面接官が「この学生は志望動機を聞いても仕事内容をきちんと理解していないのが感じ取れる。自己PRやガクチカを聞いても必要な能力があるとは思えない」と感じたから、正直に発言している場合もある。

　素直に「どうして私がこの職種に向いていないと思われたのですか？」と聞くとよい。

　「君は仕事内容を誤解している」と面接官が返答すれば、仕事内容を改めて聞けばよい。そして、そこから状況を立て直す話をしよう。

　「君にこの職種に必要な能力があるとは思えない」と面接官が返答すれば、必要な能力を改めて聞けばよい。そして、そこから状況を立て直す話をしよう。

　「君は別の職種の方が向いていると思う」と面接官が返答すれば、別の職種の話を聞いてみよう。本当にあなたに合った職種なのかもしれない。

　キツイ質問やキツイ発言が来ても思考停止をしないことだ。どうすれば状況を打開できるか考え続けることだ。感情的にならず、パニックにならず、会話を続けることだ。

　仮に、今回の面接は通過しないまでも、次に同業他社の面接を受ける時に役立つ情報を得ようと試みることだ。そうすれば、今回はダメでも次は必ず上手くいく。

正解 「どうして私がこの職種に向いていないと思われたのですか？」と聞き、そこから立て直しをする。

「お酒は飲めますか？」
「タバコは吸いますか？」

■解説

「お酒は飲めますか？」という質問は、接待または社内の歓送迎会などでお酒を飲む機会が多い企業がよく聞く質問だ。

お酒が飲めるのであれば、そのまま「お酒は飲めます。大学のサークルでも飲み会は好きでした」などと答えればよい。

お酒が飲めないのであれば、「お酒は全然飲めません（お酒は少ししか飲めません）。ですが、飲み会に参加するのは大好きです。大学のサークルの飲み会でも、ウーロン茶（うすいウーロンハイ）でみんなと楽しく盛り上がります」などと言って、お酒は飲めなくても（少ししか飲めなくても）、飲み会が好きだし、参加すると伝えればよい。

「タバコは吸いますか？」という質問もよくある。今は禁煙を推奨していて、社内に喫煙場所がない企業も多い。ウソをついて「タバコは吸いません」と言って、入社してから急に禁煙するのはかなりつらい。吸っているのであれば、「タバコは吸っています。しかし、入社までに禁煙しようと思います」と答えるのが無難だろう。

就活中に禁煙をすることをオススメする。自力での禁煙は成功率が低いので、最初から、病院の禁煙外来に行って薬を処方してもらうのがよい。保険が適用される安価な12週間のプログラムだ。12週の間に5回通院し、貼り薬や飲み薬を使って禁煙をする。大学生はニコチンの中毒症状が軽いので、禁煙外来でほぼ禁煙できる。12週間のプログラムで本数が減っただけなら、禁煙外来でさらに相談しよう。

 **お酒が飲めない人は、「お酒は飲めませんが、飲み会が好きなので、参加します」が正解。喫煙者は、「タバコは吸っています。しかし、入社までに禁煙しようと思います」が正解。**

質問 「友達は何人いますか？」

正解 あり

■解説

　きちんと人間関係を築くことができるのかを問う質問だ。「友達は少ない方だと思います」「友達は一人もいません」という回答はマイナスになる。

　教室にいるのはクラスメイトだ。皆友達だ。サークルのメンバーは後輩も先輩もOB・OGも皆友達だ。バイト先の人も皆友達だ。よって、友達は100人も200人もいる。オンラインゲームでつながっているのも友達だ。小中高の友達も含めれば、もっとたくさんいるくらいだ。そんなに頻繁に連絡をとらなくても、頻繁に会わなくても友達だ。**友達の数が極端に少なければ、友達はすべて親友にし、「親友が2人です」などと答えればよい。**

　しかし、「親友」は誰しもそんなに多くない。**「友達は100人くらいですが、親友は6人です」のような答えでもよい。**

　あなたにどれだけ「友達」がいて、どれだけ「親友」がいるのかなど、面接官に確認する方法があるわけではないのだ。気にしなくてよい。そして、友達とどれだけの深さで付き合っているのかも面接官には確認しようがない。

　大人には、友達の定義がゆるゆるな人も多い。「明石家さんまも福山雅治も私の友達だよ」などと言って、実は、短時間で一度会っただけ、一言二言話しただけというのはよくある話だ。「**友達**」の定義をあまり深刻に捉えないことだ。

　「友達は多い方ですか？」という質問もある。答え方は同じでよい。

「友達は●人くらいです」
「友達は●人くらいですが、親友は●人です」
数が少なければ、「親友が●人です」が正解。

9章　面接ワークシート！

「家族構成について教えてください」

■解説

「父、母、私、妹です」のように簡潔に回答すればよい。両親の仕事や兄弟姉妹の仕事や学年などを聞いてくることもある。質問を重ねられたら、必要なことだけ回答するのがよい。家族のネガティブなことは言わないようにしよう。

一人っ子だと、「親が年取ったら世話をするために、親元にいずれ戻るのか？」と聞かれることもある。また、親が自営か、会社を営んでいると、「親の跡を継ぐために親元にいずれ戻るのか？」と聞かれることもある。

こうした質問には、親のために、会社を辞める心配はないということを説明すれば、面接官は安心する。たとえば、「私の親は子供の負担になりたくないので、将来は、介護付き老人ホームに入るそうです」「私の親は将来的には会社をたたむようです」とでも回答すればよい。

「家族の中に当社と同業他社にお勤めの方はいますか？」という質問をすることもある。家族に重要な情報をもらしてはいけないので、同業他社の家族がいる場合は採用しないという企業もある。

【「家族について」はNGな質問】

実は、家族の職業、地位、学歴、健康、病歴、収入、資産などについて聞くことは、「就職差別」につながる「不適切な質問」として厚生労働省が質問しないように指導している。

「父、母、私、妹です」のように簡潔に回答。質問を重ねられたら、必要なことだけ回答する。親のために、会社を辞める心配はないことを説明すれば、面接官は安心する。

質問 「親御さんは 当社のことをどう思っていますか？」

正解あり

■解説

　ベンチャー企業や知名度の高くない企業、キツイと噂されることが多い企業では、内定を出しても、「親が反対するので、内定辞退します」と学生が言ってくるケースがあるので、こうした質問をすることがある。

　親には、自分の就活の進行状況を随時説明して、理解してもらうとよい。随時説明することで、「ちゃんと就活を進めている」とわかり、親も安心し、金銭的な支援もしやすくなる。

　最終面接まで進んだ企業に関しては、早めに親に説明し、納得をしてもらおう。そして、企業から「親御さんは当社のことをどう思っていますか？」と聞かれたら、**「親は御社の内定をいただけるよう頑張れと応援してくれています」**とでも返答をするとよい。

　親の頭が非常に固く、「大手企業に絶対に就職しなさい。中小企業やベンチャー企業は絶対にダメ」とか「民間企業はダメ。役所に絶対勤めなさい。公務員が一番安定している」などという場合もある。また、親自身が就職活動をした時の古い知識で、ピント外れなことを言う場合もある。

　親が心配するのは、雇用条件や仕事のキツさであることが多いので、そのへんをしっかりと調べておくとよい。

　頭の固い親の説得は学生本人だけでは難しいこともある。そんな時は大学のキャリアセンターに助けてもらおう。どのように親に説明するべきかアドバイスをもらえるはずだ。

正解 「親は御社の内定をいただけるよう頑張れと応援してくれています」が正解。就活状況を親に説明し、受けている企業について理解してもらおう。

質問	「クレジットカード延滞歴、逮捕歴、反社会勢力との関わりはないですか？」「学生ローンなどの借金はありますか？」

正解あり

■解説

特に、金融機関はクレジットカード延滞歴、逮捕歴、反社会勢力との関わりを確認する。

学生ローンなどの信用情報（返済の延滞の有無など）は銀行などの金融機関は照会することができる。延滞などがあれば、金融機関の就職には非常に不利になる。

「クレジットカード延滞歴、逮捕歴、反社会勢力との関わりはないです」「学生ローンなどの借金はありません」が正解だ。ただし、ウソは言わないこと。

クレジットカードの延滞はしないこと。公共料金の滞納もしないこと。交通違反などもしないこと。学生ローンや消費者金融などに手を出さないこと。「バレないだろう。同じことをしている友達もいる」と思って、悪いことに手を出すと、いつか必ず発覚する。悪いことに手を出さないことを心がけてほしい。

 **正解** 「クレジットカード延滞歴、逮捕歴、反社会勢力との関わりはないです」「学生ローンなどの借金はありません」が正解。

■解説

適性検査で言語・非言語の点数が低いと、面接の最初に、質問というか感想を述べられることがある。面接官の手元には適性検査の結果が必ず置かれている。

「ボーダーラインのスレスレでは、うちの会社でやっていけなそう」という悪い先入観を面接官が持つので、面接が不利に進んでしまう。

そうならないためには、「点数が低い。どうしたの？」と聞かれたら、「体調不良で実力が出せなかったのです」と言っておくのも手だ。

すると、面接官は「体調不良なら本当の実力はもっとあるのだろう」と考えて、あまり悪い先入観を持たずに面接してくれる可能性がある。

一方、「言語・非言語の点数がボーダーラインのスレスレ」と言われた学生はたいていものすごく動揺する。しかし、スレスレでも通過して面接にたどりついたのだから、面接内容さえよければ、次に進める。あまり動揺しないことだ。

とはいえ、適性検査の対策をしっかりして、ボーダーラインのスレスレと言われないようにするのが一番良いのは間違いない。

 「体調不良で実力が出せなかったのです」が正解。

9章　面接ワークシート！

質問「全国転勤があるけど、大丈夫ですか？」

正解あり

■解説

　最近の大手企業の中には、「地域職」といって地元勤務のみの職種を設けている場合もある。しかし、「地域職」があるのはまだ一部の大手企業だけだ。

　全国に拠点のある企業ならば、転勤を前提にしなければならない。「はい、全国どこでも頑張ります」が正解だ。

 「はい、全国どこでも頑張ります」が正解。

質問「海外勤務はできますか？」

正解あり

■解説

　海外勤務の可能性がある企業なら必ず聞く質問だ。「はい、海外勤務も大丈夫です」が正解だ。

　さすがに入社3年目くらいまでは海外勤務はまずない。早くて4～5年目くらいからようやく海外勤務がありえる。その間に、語学力を磨いたりして、海外勤務に備えればよい。ただし、商社はもっと早く海外勤務がありえる。

 「はい、海外勤務も大丈夫です」が正解。

 **質問** 「パソコンはどのくらい使えますか？」

正解あり

■解説

　企業では文書作成、売上管理などすべての仕事はパソコンでおこなう。パソコンがまるで使えないというのではマイナス評価だ。文系職種であれば「Word、Excel、PowerPoint、e-mail、ウイルスソフトは使えます」というのが理想的な回答。できるだけ使えるものを増やしておこう。そのためには日頃からパソコンを使うことだ。自分用のノートPCを購入し、使いこなすようにしよう。

> **正解** 文系職種は「Word、Excel、PowerPoint、e-mail、ウイルスソフトは使えます」が正解。

 **質問** 「結婚したら仕事はどうしますか？　子供ができたら仕事はどうしますか？」（女性に対する質問）

正解あり

■解説

　企業側は早期退職のリスクがない人材がほしいので、「続けます」という回答を求めている。実際、結婚したり子供ができて、会社を辞めなければいけない時は、それは仕方のないことなので、その時に会社にその旨伝えればよい。

　なお、このような質問は男女雇用機会均等法の趣旨に反する可能性があり、本来は好ましくない質問だ。

> **正解** 「結婚しても仕事は続けます。子供ができても仕事は続けます」が正解。

9章のまとめ

「面接ワークシート」は自力で回答を作成しなくてよい。
インターンシップイベント、インターン、インターンの
選考のための面接、会社説明会、OB・OG訪問、リクルー
ターとのやりとり、で聞いた内容から回答を作成する。

「逆面接（逆質問）」は絶好の機会だ。
「逆面接（逆質問）」は、学生側が面接官にずっと質問を
し続ける面接方法だ。

それでは、逆面接を始めさせていただきます。
この業界の課題は何だと思いますか？　それはどうすれ
ば改善できると思いますか？

この業界は今後どう推移すると思いますか？
この業界が生き残る（成長する）ためには
どうすればよいと思いますか？

御社の強み・弱みは何だと思いますか？
競合であるA社・B社の強み・弱みは
何だと思いますか？

うわ、
鋭い質問ばっかりだ〜

おわりに

　本書を使えば、面接上手になる。しかし、面接で100％の通過というのは難しい。どんなに面接が上手になっても、面接で落ちることはある。しかし、落ちたとしても気にしないことだ。

　野球ならば、３割打てば優秀、２割打てば普通だ。ということは10回のうち、７〜８回は失敗しているということだ。面接も同じようなものだと思えばよい。

　面接で落ちたとしても、面接の経験値は確実に高まっている。面接でどんな質問があり、どう答えたかを記録し、この時はこう答えるべきだったなどと振り返り、次に備えれば、着実に面接の技術が上がっていく。

　ビジネスも同様だ。立ち上げた新規ビジネスも10件のうち、上手くいくのは１〜３件くらいだ。失敗しても、次に挑戦し続ける精神があれば、成功へたどり着ける。面接で失敗しても、動揺せずに、前へ前へと進んでほしい。

　最後に、最終面接について述べよう。最終面接は社長・役員などがずらっと並ぶ中でおこなわれる。いつも最終面接で落ちる学生が毎年いる。これは、社長・役員の威厳ある雰囲気や迫力ある話し方に圧倒されるからだ。

　人事や面接官、リクルーターは学生をお客さん扱いし、丁寧に話し、大事にしてくれることが多い。しかし、最終面接では、社長・役員はふるい落とす作業をするので、お客さん扱いはしない。その違いのため緊張して、実力を発揮できず、最終面接で毎回落ちる学生がいるのだ。

　これを乗り越えるには覚悟が重要だ。最終面接はこれまでの面接とは別物の厳しい雰囲気だと覚悟することだ。

　最終面接でも質問されることが大きく変わるわけではない。本書の「面接ワークシート」を完成させていれば、最終面接でも答えに困ることはない！

　入念な準備と強い覚悟を持って、面接に挑めば、内定を手にすることができる！

【著者紹介】
一条はやと 外資系人事コンサルタント会社勤務後、国内人事コンサルタント会社勤務。企業に対し、採用選考の指導をする一方、学生の就職活動の指導をおこなう。Web【現代ビジネス】でコラム執筆もおこなう。【Xアカウント】https://twitter.com/hayato_ichijo

本文イラスト＝草田みかん
DTP作成・本文デザイン＝株式会社新後閑

本書に関するご質問は、下記講談社サイトのお問い合わせフォームからご連絡ください。サイトでは本書の書籍情報（正誤表含む）を掲載しています。

https://spi.kodansha.co.jp
2026年度版に関するご質問の受付は、2025年3月末日までとさせていただきます。

＊回答には1週間程度お時間をいただく場合がございます。
＊就活指導など本書の範囲を超えるご質問にはお答えしかねますので、あらかじめご了承ください。

本当の就職テストシリーズ
めんせつ　あかほん
面接の赤本　2026年度版
ねんどばん
2024年1月20日　第1刷発行

著　者	一条 はやと（いちじょう）
発行者	森田浩章
発行所	株式会社講談社
	東京都文京区音羽 2-12-21　〒112-8001
	電話　編集　03-5395-3522
	販売　03-5395-4415
	業務　03-5395-3615
装　丁	nimayuma Inc.
カバー印刷	共同印刷株式会社
印刷所	株式会社新藤慶昌堂
製本所	株式会社国宝社

KODANSHA

ISBN978-4-06-534513-9　N.D.C. 307.8　239p　21cm